Wulfing von Rohr

Karma und freier Wille im Horoskop

Wulfing von Rohr

KARMA UND FREIER WILLE IM HOROSKOP

Lebensaufgaben erkennen und erfüllen

Verlag Hier & Jetzt

Originalausgabe
Bad Oldesloe 1995

Herausgeber: Wolfgang Bartolain
Umschlaggestaltung: Uli Breyer
Lektorat: Rolf Schanzenbach
Satz: Verlag Hier & Jetzt
Druck: Fuldaer Verlagsanstalt, Fulda

gedruckt auf chlorfrei gebleichtem Papier
und ohne Folienverpackung ausgeliefert

ISBN 3-926925-20-5

Inhalt

Alles hat seine Stunde...

»Alles hat seine Stunde,
das Wissen und das Nichtwissen.
Dir aber sei Dank,
Lehrer meiner Jugend.«

Mit diesem Zitat aus den *Anatolischen Hirtenerzählungen** von Elsa Sophia von Kamphoevener sei aufrichtiger Dank allen meinen Lehrern und Lehrerinnen abgestattet, den akademischen, den astrologischen und den spirituellen.

»Alles hat seine Stunde, das Wissen und das Nichtwissen.« Dieses schöne Wort möchte ich gleichzeitig Ihnen, meinen lieben Leserinnen und Lesern, widmen, die Sie Wanderer auf den Wegen der Seele sind genau wie ich. Mögen uns Stunden des Wissens, Stunden der inneren Schau und der daraus folgenden Verwirklichung geschenkt werden. Vielleicht können wir auch die Weisheit erwerben, unser Nichtwissen zu ermessen und mit allen dreien – mit Teilwissen, viel Nichtwissen und erster eigener Schau – in Einsicht umzugehen.

»Alles hat seine Stunde, das Wissen und das Nichtwissen.« In diesem Gedanken finden sich astrologische Erkenntnisse um die Zyklen der Gestirne und deren Bedeutung für unser Leben ebenso wie ein erster Schlüssel, um zu verstehen, wie sich »Schicksal« und »freier Wille« gegenseitig bedingen.

* Elsa Sophia von Kamphoevener: »Die Freiheit des Bergfalken«.

Daß wir unsere Lebensaufgaben erkennen können und dürfen und dann Einsehen und Kraft finden, sie zu erfüllen, wünsche ich uns allen von ganzem Herzen und erbitte dazu den Segen Gottes und der Meister der Inneren Astrologie, des mystischen Dichters und liebevollen Meditationslehrers Sant Darshan Singh und seines Nachfolgers, des demütig und unermüdlich wirkenden derzeitigen Präsidenten der Weltgemeinschaft der Religionen, Sant Rajinder Singh.

Zur praktischen Lebenshilfe durch eine spirituelle Astrologie, die sich vor allem Fragen des Lebenssinns widmet, möchte dieses Büchlein mit einigen Anregungen beitragen. Vielleicht ist gerade jetzt eine dieser Stunden gekommen, in der Sie und ich Neues und Wesentliches über uns und andere Menschen entdecken oder wiederfinden dürfen. Über eine freundliche Aufnahme und die Erprobung dieser Gedanken als vielleicht nützliche Hilfen auf Ihrem eigenen Weg zur Selbstverwirklichung freue ich mich genauso wie über kritische Beachtung, klärende Fragen oder Vorschläge zur Verbesserung mancher Ansätze.

Wulfing von Rohr, Santa Fe, 2. 8. 1994

1 Der Mensch im Kosmos

»Siehst du den Mond dort stehn?
Er ist nur halb zu sehn und ist doch rund und schön.
Es gibt so viele Sachen, die wir getrost belachen,
weil unsre Augen sie nicht sehn.«

Wenn nach langer kühler Frühjahrsnacht die ersten rosafarbenen Strahlen der noch schwachen Morgensonne über den fernen Horizont auf die Erde fallen und einer gerade erwachenden Natur von neuem Wachstum künden, erwachen alle Lebensgeister und recken sich erwartungsvoll einer lebensspendenden Wärme entgegen.

Wenn die Sommersonne mittags im Himmel hoch über der Erde steht und ihre machtvolle Glut auf goldgelbe reifende Ähren sendet und sie die Quellen, Bäche und Seen mit ihrer Kraft auflädt, werden die hohen grünbelaubten Wälder zur kühlen Zuflucht für Mensch und Getier.

Wenn die wohligen Strahlen der milden Oktobersonne uns in den Herbst begleiten und die Blätter bunt färben, mögen wir uns fröhlich der Zeit der Ernte und ihrer Früchte erfreuen.

Wenn im Winter die Sonne einen fahlen Schein annimmt und nur noch ein schwacher Glanz im Widerschein des kalten, weißen Schnees an ihr Vorhandensein erinnert, finden wir vielleicht Augenblicke des Stillehaltens, der Verinnerlichung.

Sind wir nicht alle Teil einer Natur, die so groß und wunderbar, so vielgestaltig und überwältigend ist, daß wir sie nie werden ganz erfassen können? Ist unser pulsierendes Leben und unser Lebensrhythmus nicht eingebunden in eine größere Ordnung, die Sinn dort erfassen ließe, wo jetzt ein Übermaß an scheinbaren Zufälligkeiten, Verwirrung und Chaos besteht?

Denken wir an den stetigen Wechsel der Erscheinungen des Mondes, unseres treuen Erdbegleiters. Mit seiner Gestalt zwischen schmaler Sichel, Halbkreis, Vollmond und der drei Tage währenden Unsichtbarkeit während des Dunkel- oder Neumondes gemahnt er uns an die immerwährende Veränderung jeder irdischen Form.

Sein Einfluß auf die Gewässer unseres Heimatplaneten Erde drückt symbolisch das alte Wort des »panta rhei« aus, des »Alles fließt«. Wasser fließt in unseren Flüssen, die Gezeiten der Meere folgen dem ewigen Auf und Ab, Säfte steigen in Pflanzen und Bäumen, Fruchtbarkeitszyklen bei Mensch und Tier folgen den kosmischen Gesetzen des Mondlaufs.

Das Licht, das der Mond uns von der Sonne so wechselvoll spiegelt, zeigt an, daß es auf dem Weg durchs Leben nichts Statisches gibt, nichts Fertiges, nichts Endgültiges. Ist es nicht offensichtlich, daß unser Leben auf der Erde und die Bahn dieses blauen Planeten und seiner anderen Begleiter in der »näheren« Umgebung unseres Sonnensystems etwas miteinander zu tun haben?

Wenn unser Blick in dunkelblauer, mondloser Nacht träumerisch oder forschend, beglückt oder fragend, in den Myriaden ferner funkelnder Sterne versinkt, spüren wir nicht etwas von der Sehnsucht nach der Offenbarung einer kosmischen Heimat? Fühlen wir uns nicht angerührt von der Magie des unsichtbaren Bandes, das in die Weiten des Alls reicht und die Sterne mit uns verbindet: durch die uns allen gemeinsame Schöpferkraft?

Und ist das All mit seinem verborgenen Ursprung und seinem geheimnisvollen Ziel nicht selbst ein Symbol? Ein rätselhaftes, sich äußerlich manifestierendes Symbol für den Zauber des letzten inneren *Seins,* das sich sowohl in einer begrenzten Form wie in der unbegrenzten Bewußtheit darzustellen vermag?

Ja, natürlich sind wir kosmische Wesen, die einige Erdenjahre in der irdischen Sphäre verbringen, um sich zu entwickeln, um zu lernen und sich zu entfalten. Aus der Sicht einer anderen Dimension mag sich die uns zugemessene Zeitspanne vielleicht nur wie wenige Tage ausnehmen; wir erleben sie jedoch wie eine kleine Ewigkeit.

In heiligen Schriften und in der Literatur aus aller Welt finden wir Darstellungen der schöpferischen Bezüge zwischen dem großen Kosmos und dem kleinen Menschen. So heißt es im ersten Buch Mose:

»Und Gott sprach: Es werden Lichter an der Feste des Himmels, die da scheiden Tag und Nacht und geben Zeichen, Zeiten, Tage und Jahre und seien Lichter an der Feste des Himmels, daß sie scheinen auf die Erde. Und es geschah so.« *

Die Lichter des Himmels zeigen uns mit Tagen und Jahren nicht nur die Zeiten an, sondern sie geben auch »Zeichen«. Welcher Art mögen diese Zeichen sein, die offensichtlich mehr als nur Zyklen von Zeit angeben? Es handelt sich, so sehen es die Astrologen, um Hinweise zum menschlichen Schicksal. Der bedeutende zeitgenössische deutsche Astrologe und Mythenforscher Bernd A. Mertz hat zum Thema Christentum und Astrologie eine Abhandlung vorgelegt, die zuerst unter dem Titel *Die Lichter am Himmel geben Zeichen* erschienen war und jetzt *Astrologie und Christentum* heißt, in der mehr darüber nachzulesen ist (siehe Literaturhinweise).

Bei Johann Wolfgang von Goethe finden wir in *Urworte orphisch* interessante Überlegungen dazu, wie das Einzelschicksal und der Weltenlauf zusammenhängen:

»Wie an dem Tag, der dich der Welt verliehen,
die Sonne stand zum Gruße der Planeten,
Bist alsobald und fort und fort gediehen,
Nach dem Gesetz, wonach du angetreten.
So mußt du sein, dir kannst du nicht entfliehen,

* Bibel: 1. Buch Mose, 1. Kapitel, Vers 14 und 15.

So sagten schon Sibyllen, so Propheten;
Und keine Zeit und keine Macht zerstückelt
Geprägte Form, die lebend sich entwickelt.«

Wir treten nach einem »Gesetz« an. Wir leben in einer vorgeprägten Form, die sich lebendig weiterentwickelt. Nach welchen Gesetzen aber entwickelt sie sich? Es sind, so Goethe, sowohl äußere, welche durch Sonne und Planeten angezeigt werden, als auch innere – denn »dir selbst kannst du nicht entfliehen«, wie der Dichter sagt.

»Wie nun in diesem Bericht von allem, was das Kismet den Menschen auferlegte, ihnen scheinbar freien Willen lassend und sie doch ihrem Ziel allein zuführend, vieles von großer Seltsamkeit erscheint...«

So heißt es wunderschön in den zuvor erwähnten *Anatolischen Hirtenerzählungen*. Das Kismet, das Schicksal ist wirklich seltsam, wundersam und oft undurchschaubar. Wieviel davon bestimmen oder schaffen wir selbst? Was ist vorherbestimmt und womöglich unabänderlich festgelegt? Welchen Anteil haben wir selbst vielleicht sogar an dem, was unpersönliches Geschick zu sein scheint? Und wie können uns Sternenweisheit und Horoskopdeutung dabei helfen, auferlegte oder frei gewählte Lebensaufgaben zu erkennen und zu erfüllen? Diese Fragen führen zum nächsten Kapitel dieses Buches.

Die Darstellung der Grundlagen und der »Wirksamkeit« der Astrologie (die kausale, die synchronistische und die symbolische Begründung) sowie die Begründung der Berechtigung der drei Anwendungsgebiete (die orts- und ereignisbezogene, die psychologische und die spirituelle Astrologie) finden Sie im Rahmen dieser Abhandlung nicht. Das ist in meinen Heyne-Planetenbüchern ausführlich nachzulesen.

Vergessen wir bei all den folgenden astrologisch-technischen Erörterungen jedoch nicht den letztlich unerklärlichen Zauber, der das gestirnte All genauso durchweht, wie er uns zu ergreifen imstande ist – wenn wir unsere Seele für das Mysterium des Lebens und des Bewußtseins öffnen.

Das Horoskop bildet bekanntlich Gestirnspositionen zur Geburtszeit ab. Damit zeigt es in einer zweidimensionalen Darstellung die drei Dimensionen des Raumes und als vierte Dimension die der Zeit an. Seine symbolischen Entsprechungen und die Zeitzyklen der Himmelskörper geben uns Hinweise auf Lebensthemen und Lebensrhythmen, auf Entwicklungsanforderungen, Problemstellungen und Prozesse der Entfaltung von Persönlichkeit und Seele.

Spirituelle Astrologie heißt, im Horoskopbild Bedingungen der weltlichen Ordnung und Gesetze des seelischen Wachstums zu erfassen und auf das Individuum und seinen Weg anzuwenden. Die Schlüsse dieser teils analytischen, teils intuitiven Untersuchung dienen dem Ziel der bewußten inneren und äußeren Evolution des einzelnen im Rahmen jener Ganzheit, die seinen Lebenskreis darstellt.

Spirituelle Astrologie will nicht mehr und nicht weniger, als echte Lebenshilfe sein, die den Menschen dabei unterstützt, seine karmischen Aufgaben und deren Zeitrahmen zu erkennen und früher oder später den Weg zur stillen Mitte zu gehen, in der die Seele Frieden findet.

2 Astrologie als spirituelle Lebenshilfe

Was ist Karma?

Was ist eigentlich »Karma«? Der Begriff stammt aus dem Sanskrit und bedeutet als Wort soviel wie »Tat«. Mit diesem Wort verbinden asiatische Philosophien üblicherweise jedoch auch eine ganze Weltanschauung, die Philosophie der ehernen Gesetzlichkeit von Ursache und Wirkung. Danach gibt es keine Ursache, die nicht auch eine Wirkung hervorruft, jedoch auch keine Wirkung, die nicht auf irgendeiner Ursache beruht.

Jede Tat, aber auch jedes Wort, jedes Gefühl und jeder Gedanke – also alle uns bekannten Lebensäußerungen –, stellen einerseits Ursachen dar, die zu bestimmten Folgen führen. Andererseits sind sie selbst bereits schon Wirkungen vorhergehender Ursachen.

Einige Beispiele: Wenn ich als Ursache die Tat setze, gesunde und natürliche Lebensmittel zu essen, folgt daraus die Wirkung, daß mein Körper gesünder bleibt. Wenn ich mich mit denaturiertem Massenfutter vollstopfe, folgt aus dieser Tat eine Verminderung meines körperlichen Wohlbefindens. Bereits die Entscheidung zum einen oder anderen ist jedoch nicht die erste, unabhängige Tat, sondern eine Wirkung einer früheren Ursache, nämlich meiner Gedankengänge, Gewohnheiten, Erziehung und so fort im Hinblick auf die tägliche bewußte oder unbewußte Ernährung.

So klar diese Erläuterung scheinen mag: Die Probleme beginnen meist dann, wenn das Gesetz von Ursache und Wirkung auf unser gesamtes Leben übertragen werden soll – wie das in der Karmalehre geschieht. Denn folgerichtig bedeutet diese Lehre, daß die irdischen Rahmenbedingungen unseres gesamten Lebens auf karmischen Ursachen beruhen, die meist bereits vor der Geburt – in sogenannten früheren Leben – gesetzt wurden.

Die Tatsachen, ob wir als Frau oder Mann geboren werden, in eine arme oder reiche Familie, ob wir gebildete Eltern haben oder nicht, wie unser Gesundheitszustand ist, was unsere vorherrschenden Charakterzüge, was innere Antriebe und äußerer Ausdruck sind, stellen Wirkungen dar, die zum großen Teil auf vor langer Zeit entstandenen Ursachen beruhen.

In manchen Wörterbüchern finden wir zwar Begriffe wie Schicksal, Zufall, Umstände, sogar Ende und Untergang, auch Glück, Geschick und Kismet als Erklärungen bzw. Umschreibungen für den etwas schwierigen Begriff Karma. Diese Umschreibungen beruhen aber auf einer Unkenntnis des ausschließlich westlich-intellektuell geprägten Verstandes über östliches Geistesgut.

Der Begriff Karma beschreibt völlig wertfrei die Gesetzmäßigkeit von Ursachen und Wirkungen. Diese quasi naturgesetzlichen Zusammenhänge besagen, daß sich keine Energie folgenlos im Nichts auflöst, sondern vielmehr die ihr entsprechenden Wirkungen zeitigt. Und sie bedeuten weiter, daß es keine Wirkungen gibt, die nicht irgendwann und irgendwo ihre Ursachen haben.

In der modernen Naturwissenschaft kennen wir das Gesetz von Aktion und Reaktion. Und sogar in den jüdisch-christlichen heiligen Schriften gibt es – wenn auch nur wenige – Hinweise auf das Gesetz von Ursache und Wirkung: »Auge um Auge, Zahn um Zahn«, »der der Väter Missetat heimsucht bis in das dritte und vierte Glied«, »was du säest, das wirst du ernten«.

Die auch für unser Buchthema interessante Frage lautet: wieviel im Leben ist vorherbestimmt – durch »Karma«, durch Gene und Erbanlagen, durch das soziale Umfeld, in das wir geboren werden, durch Prägungen des »kollektiven Unbewußten« und so fort –, und wie frei ist unser »freier Wille«?

Der indisch-amerikanische Wissenschaftler und Meditationslehrer Sant Rajinder Singh erläuterte mir in mehreren längeren Gesprächen und Interviews, daß unser Leben zu etwa drei Vierteln karmisch bestimmt und etwa ein Viertel unseren freien Willensentscheidungen zugänglich ist. Wenn wir diese Auskunft auf die Astrologie übertragen, so bedeutet sie, daß drei Viertel des Lebens im Horoskop ablesbar sein sollten, während sich unter Umständen ein Viertel der astrologischen Bestimmung entzieht. (Sie sind sich sicher darüber im klaren, daß der Wert des Horoskops nicht darauf beruht, daß die Gestirne etwas von sich aus machten, sondern daß die Astrologie ein Maßsystem darstellt und das Horoskop das Meßgerät dieses Systems ist. Wie wir Zeitsysteme kennen und Uhren, die Zeit anzeigen, sie aber keinesfalls »machen«, »macht« das Horoskop nicht den Menschen und sein Schicksal, sondern zeigt es innerhalb bestimmter Grenzen an.)

Zurück zur Klärung des Begriffs Karma. Die indische Philosophie spricht von drei Arten von Karma:

1. Es gibt ein Bündel von Energiewirkungen, das auf frühere Leben zurückgeht und welches die 75 Prozent Karma ausmacht, die unser jetziges Leben in großem Umfang bestimmen.
2. Es gibt ein zweites Bündel, besser: ein ganzes Lagerhaus von Energien, das alle Wirkungen aller in früheren Leben von uns ausgelösten Ursachen umfaßt, welche in diesem Leben noch nicht zum Tragen kommen.
3. Schließlich gibt es ein drittes Bündel von Energien, das wir durch die 25 Prozent freie (leider meist nicht recht bewußte oder gar »gute«) Willensausübung in diesem Le-

ben auslösen. Diese Energien wirken sich teilweise in diesem Leben aus, werden aber zum Großteil in das Lagerhaus des zweiten Bündels übertragen.

Der 1974 in die geistige Welt gegangene Menschheitslehrer Sant Kirpal Singh schrieb dazu:

»*Die Karmas sind von den Heiligen in drei bestimmte Kategorien eingeteilt worden:*

1. Sanchit: *angesammelte und aufgespeicherte Karmas, die weit in die Inkarnationen der unbekannten Vergangenheit zurückreichen.*
2. Pralabdh: *Fügung, Schicksal oder Bestimmung oder der Teil aus dem Sanchit- (Vorrat) Karma, der eines Menschen lebendige Gegenwart bildet, welcher niemand entgehen kann, wie sehr man dies auch wünschen oder versuchen mag.*
3. Kriyaman: *die Karmas, die einer als frei Handelnder in der gegenwärtigen irdischen Existenz oder Zeitspanne zwanglos ausführen kann und durch die er seine Zukunft bestimmt, zum Guten wie zum Schlechten.*« *

Grundlage für diese »Drei-Karma-Lehre« ist die physikalische, psychologische und esoterische Erfahrung, daß Energien sich nie auflösen und daß sowohl Bewußtseinsvorgänge wie Handlungsweisen Energieformen sind, die als Ursachen irgendwann einmal entsprechende Wirkungen nach sich ziehen werden.

In der Karmalehre weben wir – als ohne offensichtlichen Grund in die Schöpfung geworfene Wesen – unaufhörlich ein gigantisches Spinnennetz von Ursachen, die immer wieder aufs neue Wirkungen hervorbringen, die von uns durchlebt werden müssen, derweil wir nicht umhin können, durch unsere schiere Existenz neue Ursachen zu schaffen. Wir bleiben damit in selbstgeschaffenen guten und schlechten Lebensformen mit

* Sant Kirpal Singh: »Karma, das Gesetz von Ursache und Wirkung«, S. 22.

entsprechenden Erlebnismöglichkeiten und uns verborgenen Beweggründen – da wir unsere früheren Leben meist nicht sehen und dementsprechend auch keine bewußte Lernerfahrung gewinnen können.

Man nennt das Schauspiel, das Drama des Lebens, in der indischen Philosophie auch gern »Lila«, »das Spiel Gottes«. Falls unser Leben wirklich das »Spiel« einer Schöpferkraft sein sollte, so ist es häufig genug – vor allem, wenn wir leiden – ein »Scheißspiel«, um mit einem lieben väterlichen Freund zu sprechen.

Übrigens hebt die Karmalehre Wert, Qualität, Notwendigkeit und Wirksamkeit von Verantwortungsgefühl und wachem Bewußtsein, von menschlichem Mitgefühl und Liebe zu allen Lebewesen keineswegs auf, sondern stellt diese Merkmale vielmehr in den Mittelpunkt des Lebens. Die Einsicht in die universelle Verwandtschaft aller Wesen begründet ja gerade das Bemühen um die Verwirklichung dieser Merkmale ausdrücklich.

Wie ließe sich nun der anscheinend ewige Zyklus aus Geburt, Tod und Wiedergeburt beenden, der gespeist wird aus unserer Natur, immerfort zu denken, zu fühlen und zu handeln und damit den Kreislauf von Ursachen und Wirkungen unaufhörlich in Gang zu halten? Können wir »aussteigen«? Denn nach dieser Auffassung sind letztlich wir selbst dafür verantwortlich, daß es uns gibt und wie es uns gibt! Auf das Thema, wie wir sowohl karmische als auch astrologische Grenzen überschreiten können, gehe ich im 11. Kapitel dieses Büchleins ein.

Das Thema Karma läßt sich in diesem Rahmen nicht erschöpfend behandeln. Sant Kirpal Singh hat das oben schon erwähnte wunderbare Buch *Karma: Das Gesetz von Ursache und Wirkung* geschrieben; in meinem Buch *Es steht geschrieben... Ist unser Leben Schicksal oder Zufall?* finden Sie ebenfalls weitere Überlegungen zu diesem Thema (beide Bücher siehe Literaturverzeichnis).

Was ist ein Horoskop?

Mein Duden weist das Wort Horoskop als griechisch-lateinisch aus und überträgt es wörtlich mit »Stundenseher«. Ein (Geburts-) Horoskop ist zunächst einfach die zweidimensionale, graphische Darstellung von Gestirnskonstellationen in Raum und Zeit, also in vier Dimensionen, bezogen auf einen ganz bestimmten Ort und eine festgesetzte Zeit auf der Erde. So könnte eine umfassende und treffende Definition lauten, auch wenn sie recht prosaisch klingt. Was aber ist ein Horoskop im geistigen Sinne?

Es ist wie ein grandioser und wundersamer Lebensplan, der einen Bezug herstellt zwischen der ewigen Seele, die hier auf der Erde in einem Körper manifestiert ist, ihrem kosmischen Ursprung, ihrer jetzigen Aufgabe und ihrer persönlichen »Geschichte«, also ihrem bisherigen »Karma«.

Dieser im Horoskop enthaltene und mehr oder weniger deutlich ablesbare Plan dient der »Er-Innerung« des Menschen an seine Herkunft aus Zeit und Raum vor der irdischen Geburt; weiter hilft er dabei, sich über Möglichkeiten und Herausforderungen, Chancen und Schatten, Anlagen und Potentiale zu orientieren, die den Weg der Seele durch dieses Erdenleben entscheidend prägen. Er beschreibt komplexe Grundlagen und Voraussetzungen, wie wir die Gegenwart meistern können, um uns in der Zukunft zu vollenden.

Das Horoskop vermag darzustellen, wie die Gegenwart durch die Vergangenheit bedingt worden ist. Es weist aber auch darauf hin, wie sich die Zukunft aller Voraussicht nach aus der Gegenwart entfalten kann. Es erlaubt Aussagen zum Lebenssinn und seiner individuellen Verwirklichung sowie zu Zeitzyklen von Ereignissen und Entwicklungsprozessen.

Das Horoskop ist Entwurf und Bauplan für dieses Leben. Das heißt aber nicht, daß dieser Plan unabänderlich ist. Nehmen wir an, Sie sind dabei, sich ein Haus zu bauen oder bauen zu lassen. Beim Bauplan für das Haus des Lebens gibt es übrigens zwei Architekten, nicht nur einen. Der eine sind Sie selbst, der andere ist die Schöpferkraft, die sich sowohl durch die Natur und ihre Gesetze und Rahmenbedingungen ausdrückt als auch unmittelbar, wenn Sie einen solchen Zugang zu ihr gefunden haben.

Sie als Ihr eigener Architekt sind in der Anlage Ihres Hauses geprägt durch all die Erfahrungen, die Sie zuvor gemacht haben. Ein Architekt kann nur das entwerfen, was seinem eigenen Wissen und Bewußtsein entspricht. Außerdem sind Sie gezwungen, Ihren Hausbau an bestimmten materiellen Umständen zu orientieren (die Sie entweder selbst verursacht haben oder die Ihnen durch das »Schicksal« auferlegt werden). Sie können nicht einfach überall bauen, Sie haben vermutlich nicht soviel Geld (gleich Energie), um die teuersten Baustoffe und Inneneinrichtungen zu erwerben und so fort.

Nachdem Sie einen Plan gemacht, ihn eingereicht und bewilligt bekommen haben, fangen Sie also an zu bauen. Selbstverständlich können Sie im Verlauf des Hausbaus jederzeit Kleinigkeiten in Materialwahl und Ausgestaltung ändern. Größere Abweichungen vom Plan müssen Sie finanziell und vielleicht auch statisch überprüfen; entscheidende Veränderungen müssen womöglich erst neu genehmigt werden. Im Rahmen des Plans behalten Sie jedoch während des gesamten Vorgangs ein bestimmtes Maß an persönlicher Freiheit, um neue, ungeplante Entscheidungen zu treffen.

So ähnlich ist es mit unserem Leben. Der gesamte Lebenslauf entspricht dem Ablauf eines Hausbaus. Das fertige Haus ist in diesem Beispiel nämlich nicht das entscheidende, sondern der Vorgang des Lernens, Planens, Schaffens und Gestaltens selbst. Das »fertige Haus« entspricht dem, was wir als bleibendes Ergebnis unseres jetzigen Lebens mit in eine andere Dimension hinübernehmen. Das Geburtshoroskop als Bauplan unseres Lebens stellt die große Leitlinie für unsere Hoffnungen und Schwierigkeiten, für unsere Ziele und ihre Verwirklichung dar.

Der »große Architekt« hat als ein Ziel, das von jedem Menschen erreichbar ist, in jedem Horoskop »eingeplant«, daß der betreffende Horoskopinhaber Selbsterkenntnis und Selbstverwirklichung, Innenschau und Gotterfahrung erlangen kann. Im 11. Kapitel gehe ich darauf näher ein.

Wir als »Assistenzarchitekten«, die wir oft dazu neigen, unsere eigene Herrlichkeit zu überschätzen und unsere mögliche Verbindung zur schöpferischen oder kosmischen Urkraft zu unterschätzen, haben in unser Horoskop eigenwillige Windungen, Steigungen und Gefälle für unseren Lebensweg »eingebaut«.

Wenn wir im Verlauf des Hausbaus den Spielraum für die freie Willensentscheidung nutzen – zum Beispiel durch einen spirituellen Quantensprung des Bewußtseins, indem wir uns im Rahmen unserer individuellen Möglichkeiten nach innen gewandt haben, zum »großen Architekten« –, kann es uns sogar gelingen, ein in vielen Aspekten »anderes« Haus zu bauen. Anders gesagt: wir können sehr wohl auch und trotz aller Prägungen, Lebenspläne und Vorherbestimmungen – seien sie karmisch, sozial, genetisch oder anders verursacht – unserem Leben eine bewußt und frei gewählte Richtung geben, hin zu Lebenssinn und »Glück«, zum Leben als wahre Erfüllung. Das bedarf aber der konsequenten Bemühung um Bewußtwerdung! Die spirituelle Astrologie verfolgt genau diesen Ansatz.

Noch ein Wort zu dem, was ich den »großen Architekten« nenne: Ich gehe davon aus, daß zwar viel, aber nicht alles im Horoskop »steht«. Die karmische Grundausstattung der Persönlichkeit und der karmisch bedingte Lebensplan scheinen mir im Horoskop ablesbar zu sein, nicht jedoch jene Entscheidungen, die dem freien Willen des Individuums unterliegen. Darüber hinaus aber gibt es noch eine weitere, sehr wesentliche Unbekannte in der großen Lebensrechnung. Das ist die schöpferische Kraft, der reine Geist, das Göttliche in uns und die Kraft, die wir als kosmische Energie oder ruhig als Gott bezeichnen können. So, wie selbst die Summe aller Erkenntnisse und Talente, aller Kunstwerke und philosophischen Abhandlungen des Leonardo da Vinci – so wundervoll sie sein mögen – nie den gesamten Geist dieses Universalgenies ausmachen, so macht auch das Horoskop als Summe aller wichtigen bestimmbaren naturgesetzlichen, gesellschaftlichen, genetischen und karmischen Faktoren noch nicht das vollkommene Potential der Seele aus und des allgegenwärtigen kosmischen Geistes, der sie belebt.

Wir können anhand eines Horoskops allein noch nicht feststellen, ob der betreffende Mensch ein Sünder oder ein Heiliger ist. Wir können nicht voraussehen – ohne ihn näher zu kennen oder viel über ihn zu wissen –, ob die angezeigten Anlagen und Verhaltensmuster sich eher in materieller oder stärker in spiritueller Richtung ausprägen werden. Noch wichtiger: Das Horoskop für sich allein läßt keine Rückschlüsse darauf zu, ob dieser Mensch von einer höheren Gnade erfaßt und beschenkt wird und so vermittels eines göttlichen Eingriffs aus den karmischen Gesetzen befreit wird, die sein kleines Ich binden oder nicht.

Das Horoskop als Symbol der Startbedingungen: Schicksal und Karma, Aufgaben und Lösungen

Gleich, ob Astrologen den Karmabegriff so verstehen, wie er hier dargestellt wurde oder zur Frage nach dem Maß des freien Willens und dem Anteil vorherbestimmter Faktoren eine ganz andere Ansicht vertreten, sind sich doch alle Astrologen einig darin, daß ein Horoskop zumindest die »Startbedingungen« dieses Lebens beschreibt.

Wenn es in der üblichen Deutung dann um Fragen nach dem Schicksal geht, um neue Lebensaufgaben und offene Rechnungen, also um »Karma«, dann werden gern die Mondknotenachse und manchmal auch der Saturn oder Pluto, bisweilen auch die Septil- und Novilaspekte herangezogen. Das reicht jedoch nicht aus und beschränkt unseren Blick ganz unnötig.

In der spirituellen Astrologie gehen wir vielmehr davon aus, daß *das gesamte Horoskop*, und nicht nur einige spezielle Faktoren darin, *Symbol und Signatur unseres Schicksals, unseres Karmas* ist. Wir betrachten das ganze Horoskopbild als Ausdruck der Herausforderungen und Chancen der Seele, ihrer Ausgangslage zu Beginn dieses Lebens, der Gesetze, nach denen sie »angetreten« ist, der Wechselwirkungen unterschiedlicher innerer Persönlichkeitskräfte und äußerer Umwelteinflüsse, der Zeitzyklen, nach deren Rhythmus Bewußtseinsprozesse ablaufen können, und so fort. Die Tatsache, daß der geistige, unauslöschliche Funke – der wir *sind,* nicht etwa, den wir *hätten* – sich in und durch eine irdische Form manifestiert, ist bereits unser Geschick.

Es gibt keinen stofflichen Ausdruck des ursprünglich rein spirituellen schöpferischen Bewußtseins, der nicht bereits durch den Vorgang und die Tatsache seiner Veräußerlichung, durch die Konzentration und zugleich Beschränkung seiner Kraft in einer begrenzten Form, dem Gesetz des Karmas unterworfen wäre. Es spielt dabei keine Rolle, ob diese Manifestation in Raum und Zeit freiwillig oder unfreiwillig erfolgte.

Im Reich der stofflichen, begrenzten Formen – und das sind sowohl die Ebenen unserer irdischen Welt als auch die sogenannten Astral- und Kausalebenen nun einmal – erfahren wir, daß das Gesetz von Ursache und Wirkung, von Aktion und Reaktion, von »Was du säst, das wirst du ernten«, unbestechlich »funktioniert«. Wir müssen atmen, wir müssen trinken und essen, wir bewegen uns, wir fühlen, wir denken, wir hoffen, wir leiden, wir machen Pläne... Ständig sind wir dem Kreislauf unterworfen, aufgrund von Anstößen und Gewohnheiten aus der Vergangenheit etwas in der Gegenwart zu denken, zu sagen oder zu tun, was wiederum Auswirkungen auf die Zukunft hat. Eben deshalb ist nicht der eine oder andere besondere astrologische Faktor für Aussagen zum Schicksal des Menschen allein zuständig.

Vielmehr ist das Gesamthoroskop der Schlüssel zum Verständnis für die spezifische karmische Situation der betreffenden Seele, für ihre Persönlichkeitskonflikte im Streben nach Selbstverwirklichung ebenso wie für die ihr ganz individuell entsprechenden Lösungsmöglichkeiten. Das Horoskop beschreibt Wege der Seele, die sie zum Ziel der Befreiung vom Karma gehen kann.

Nicht nur der »böse« Saturn oder die »problematische« Mondknotenachse sind Anzeiger für »Karma«, sondern jeder Planet in seiner Haus- und Zeichenposition und seinen Aspekten. Das Horoskop ist in diesem Sinne eine komplexe »Karma-Uhr«, die anzeigt, was das Schicksal jeweils geschlagen hat. Um nach und nach die Uhr und ihre Zeigerstellungen richtig zu entziffern, bedarf es neben grundlegenden astrologischen Kenntnissen einer ganzheitlichen Sichtweise, eines übergeordneten spirituellen Standpunkts und der Einsicht, daß wir Menschen wohl Körper und Psyche haben, daß wir wohl Freude und Schmerz, Gefühle und Gedanken erleben und »haben«, aber all das nicht sind. Wir sind Seele, Geist, Bewußtsein, bewußtes Sein, was sich vorübergehend in und durch Verstand, Gefühl, Persönlichkeit, Körperlichkeit ausdrückt und ein erkleckliches Gepäck von Eindrücken, Erinnerungen, unerfüllten Wünschen, Stärken und Schwächen aus früheren Zeiten in dieses Leben mitgebracht hat.

Die spirituelle oder karmische Astrologie fragt also danach, was für die Selbsterkenntnis und Befreiung der Seele wesentlich ist, ohne die mentalen, emotionalen und physischen Bedingungen des Erdenlebens dabei zu übersehen oder zu vernachlässigen.

Es ist unser aller »Schicksal«, als Menschen zu leben. Dieses Schicksal ist jedoch nicht nur Verpflichtung oder Bürde, sondern stellt eine zauberhafte Verheißung dar: daß wir uns als Bewußtsein erleben, daß wir unseren kosmischen Ursprung erkennen und daß wir uns auf das Ziel der »unio mystica«, der »positiven Mystik« hin entwickeln. Diese Begriffe umschreiben ein bewußt geführtes Leben, in dem sich der Mensch seiner innigen Verbindung mit der großen Lebenskraft bewußt wird und bleibt, die wir kosmische Urkraft, Schöpferkraft, Gott oder anders nennen können.

Diese »unio mystica« ist aber nicht nur das höchste Ziel jeder esoterischen, spirituellen oder karmischen Astrologie. Auf wunderbare Weise ist unser Streben nach Selbstverwirklichung und Aufgehen in der Einheit der großen schöpferischen All-Kraft ein sehr dynamischer Energieprozeß, dessen Ablauf selbst schon enorme Klärungen mit sich bringt.

Anders gesagt: wenn wir ans Horoskop mit spirituellen Fragen herangehen, wenn wir es als Hilfe zur karmischen Klärung ansehen, bereitet diese unsere Bewußtseinshaltung bereits den Boden dafür, daß wir entsprechende Antworten erhalten werden. Auch hier gilt sinngemäß ein Erfahrungssatz aus der Heilkunde: Heilung ist abhängig vom Bewußtsein von Patient und Heiler. Das heißt: Hilfe durchs Horoskop hängt ab von der Bewußtheit des Horoskopinhabers und des Astrologen. Damit wird bereits die Bemühung um »Erleuchtung« durch die Himmelslichter zu einem wirkungsvollen *Mittel,* das uns hilft, unser Ziel zu erreichen!

Die Planeten in der karmischen Astrologie

Es ist wert, in aller Klarheit festzuhalten, daß die Planeten in der Astrologie das Wichtigste sind. Sie stellen symbolisch die Persönlichkeitskräfte dar, die in uns wirken und durch die wir uns in unserem Leben ausdrücken.* Die Zeitgesetze der einzelnen Planeten bestimmen Zeitzyklen, die für den Menschen in vielfältiger Weise wirksam werden, auf der körperlichen, emotionalen und geistigen Ebene. Ohne Planeten gibt es kein Horoskop. Man kann ein Horoskop sehr wohl nur aufgrund von Planeten und ihren Aspekten erstellen, entweder ohne die

* In meinen »Planetenbüchern« (nur noch erhältlich in der Buchhandlung Hier & Jetzt; siehe Literaturverzeichnis) finden Sie eine Fülle weiterer Entsprechungen zu den Planetensymbolen, nützliche Deutungsinformationen sowie eine Vorschau über wichtige Transitaspekte der Planeten und deren Deutung bis zum Jahre 2000.

Häuserposition der Planeten oder ohne ihre Zeichenpositionen zu kennen, solange man einen der beiden Bezugsrahmen zur Ortsbestimmung verwendet. Notfalls könnten sogar nur Planeten und ihre Aspekte zueinander bereits wichtige Aufschlüsse vermitteln. Tierkreiszeichen oder Häuser ohne Planeten dagegen wären inhaltsleer und sinnlos.

Die folgenden allgemeinen Stichworte zu den Planetenkräften entstammen den *Astrodata-Horoskopkarten* (siehe Literaturverzeichnis). Bitte bedenken Sie, daß jeweils auch die entgegengesetzten Qualitäten gemeint sind, wenn der betreffende Planet im Geburtshoroskop zum Beispiel durch schwierige Aspekte »angegriffen« ist oder sich in »Spannung« befindet bzw. seine »Schattenseite« ausdrückt. Dann kann sich die grundsätzliche Kontaktfreudigkeit des Merkur in Schüchternheit und Kontaktprobleme oder Geschwätzigkeit und übertriebene »Gschaftlhuberei« verwandeln; dann kann statt des sonst gesunden Durchsetzungswillens des Mars Rücksichtslosigkeit auftauchen und so fort.

☉ SONNE: KRAFT DES LEBENS

»Wohin Du auch gehst, geh mit Deinem ganzen Herzen.«

Die Sonne steht in der Astrologie symbolisch für Lebenskraft und Vitalität. Im Horoskop als Spiegel der Beziehungen für den Vater; im Horoskop allgemein für den Mann; im medizinischen Horoskop auch für das Herz.

In der spirituellen Astrologie legen wir besonderen Wert auf Entsprechungen, die direkt mit dem Weg des Menschen durch dieses Leben zu tun haben, welche Wege er beschreitet und wie er sie geht. Der Drang nach Selbständigkeit und Selbstverwirklichung gehören dann zur Sonne, der Prozeß der Bewußtwerdung und auch das bewußte Selbst. In diesem Sinne können wir das Zentralgestirn unseres Planetensystems – das damit auch die geistige Mitte symbolisiert, um welche die Planetenkräfte kreisen – ruhig auch als die Kraft der irdischen Schöpfung und den Funken des göttlichen Bewußtseins ansprechen.

Vom karmischen Gesichtspunkt aus repräsentiert der Sonnenstand zur Geburt nach Häuserposition (nach der vierfachen Häusereinteilung) und Zeichenstellung die Hauptkraft, welche die Seele in diesem Leben entwickeln und verwirklichen muß, um ihrer Seelenaufgabe gerecht zu werden. Die Häuser zeigen, in welchen persönlichen Lebensbereichen die Verwirklichung der individuellen – und durch den Menschen – kosmischen Lebenskraft besonders »gefragt« ist. Die Zeichenposition weist darauf hin, innerhalb welchen sozialen und kulturellen Umfelds, das vom Kollektiv der Gesellschaft und ihrer Normen bestimmt wird, diese Verwirklichung stattfinden muß. Die Aspekte zwischen Sonne, anderen Planeten und Achsen schließlich zeigen an, auf welche Weise die anderen Kräfte und die Sonnenkraft zusammenwirken.

Ein bewußt lebender Mensch kann seine Sonnenkraft auf ganz natürliche Weise entfalten und sich selbst verwirklichen. Weniger bewußt lebende Menschen wollen sie oft entweder übertrieben äußerlich verwirklichen oder fühlen sich passiv und gehemmt.

☽ MOND: RHYTHMUS DES LEBENS

»Wer nach innen sieht, sieht das Wesentliche.«

Gefühle, Reaktionen und Instinkte, aber auch Gemüt oder Psyche repräsentiert der Mond. Im Beziehungshoroskop finden wir vieles über die Mutter durch die Mondstellung angezeigt; im männlichen Horoskop können wir den Mond auch als Symbol für die Frau betrachten.

In der spirituellen Astrologie entsprechen die Prinzipien von Wachstum und Entwicklung, der Lebensrhythmus des Geborenwerdens, des Sich-Entfaltens und des Wiedervergehens dem Mond. Der Mond spiegelt in seinem Werden und Vergehen zwischen Neumond und Vollmond auch den Traum und die Hoffnung der ganzen Schöpfung, daß das Leben irgendwie immer weiter geht und auch nach einem vermeintlichen Ende ein Neubeginn erfolgt. Die Frage wird mit fortschreitender Bewußtwerdung sein: Welches Leben ist es und auf welcher Ebene?

Der Mond hat kein eigenes Licht, sondern reflektiert, wie wir wissen, das Licht der Sonne. So sollten auch wir uns bewußt werden, daß Sinne, Gemüt und Psyche nur das Licht der Seele bzw. des Selbstes widerspiegeln und nicht etwa eigenes Licht besitzen. Der astrologische Mond spiegelt in unseren Nacht- und Tagträumen Wünsche, Hoffnungen, Sehnsüchte wider, deren Ausgangspunkt die (vielleicht unbewußte) »Er-Innerung« an ein Licht in uns ist, das – anders als der Mond – nie erlischt.

In diesem Sinne weist der symbolische Mond einerseits auf die Tatsache hin, daß unser Leben in Zyklen verläuft und daß es einen bestimmten Rhythmus des Lebens gibt. Er gemahnt uns aber auch, daß unsere Psyche trotz ihrer oft eindrucksvollen Kraft nicht die letzte Realität darstellt.

In der karmischen Horoskopdeutung sehe ich die Mondstellung deshalb als Zeichen dafür an, in welchen Bereichen sich Hoffnung – und Sorge – um eine Art psychische »Wiedergeburt« manifestieren, welche Einwirkungen anderer Kräfte unseren Lebensrhythmus bestimmen und wo und wie wir uns die Tatsache vor Augen führen können, daß unser irdisches Leben den Zauber eines höheren Lichtes reflektieren soll.

Ein bewußt lebender Mensch empfindet seine Mondkraft als Inspiration, sich immer wieder neu auf den Wechsel des Lebens einzustellen, ohne seine Ziele aus dem Auge zu verlieren. Ein unbewußt lebender Mensch läßt sich oft von einer Flut von Traumideen forttragen oder hat Mühe, Lebenspläne und Lebensrhythmus in Einklang zu bringen.

3 Sonne und Mond in den Häusern

Hier biete ich Ihnen beispielhafte Kurzdeutungen zur Kombination von Sonne und Mond in den Häusern.* In Kapitel 4 folgen dann Deutungen der beiden großen Himmelslichter in den Zeichen. *

Die folgenden Stichworte sind bitte nicht als »Kochrezepte« mißzuverstehen, die aufs Gramm genau stimmen müssen oder mit denen sich gar ganze Kuchen backen lassen. Vielmehr geht es um erste Anregungen, selbst zu versuchen, die möglichen Seiten der beiden Lichter, und später aller Planeten, in einen sinnvollen Zusammenhang zu bringen. Die Integration von mehreren Horoskop-Faktoren in einer schlüssigen Gesamtaussage ist ja mit das Schwierigste in der Astrologie überhaupt. An dieser Stelle möchte ich Ihnen dazu einige Vorschläge in Form sehr knapp gefaßter Schlüsselbegriffe machen – allerdings, ohne dabei zusätzlich zu den Hauspositionen auch etwaige Aspekte berücksichtigen zu können. Ich konzentriere mich dabei überwiegend auf das positive Potential der Häuserstellung von Sonne und Mond. Denken Sie auch daran, daß bestimmte Häuserpositionen Neumond- und Vollmondkonstellationen ähnlich sein können. Das gilt, wie Sie wissen, immer dann, wenn Sonne und Mond im selben Haus oder gera-

* Ich beziehe mich hier auf die Aszendentenhäuser (siehe Kapitel 6).

de genau im gegenüberliegenden Haus stehen. (In Kapitel 5 sehen wir uns typische Sonne-Mond-Konstellationen im Verlauf des Mondzyklus an.)

Noch einmal: diese Hinweise können nicht mehr als Schlaglichter oder knappe Skizzen einer möglichen Deutung sein. Viele weitere sind genauso möglich!

SONNE IM 1. HAUS

☉ [1] ☽ [1] *Sonne im 1. Haus, Mond im 1. Haus*

Vitale Kraft für einen neuen Zyklus, wenn der Mond deutlich über die Neumondstellung hinaus ist; der Gefühlsausdruck spiegelt den sich entfaltenden Selbstwert wider und verstärkt ihn. Bei Mondstellung kurz vor oder im Neumond ist der Gefühlsausdruck verhaltener bzw. eher nach innen gekehrt. Wenn beide Lichter im 1. Haus stehen, wird der Drang nach Selbstbestätigung auf jeden Fall besonders energisch gelebt.

☉ [1] ☽ [2] *Sonne im 1. Haus, Mond im 2. Haus*

Starkes Selbstwertgefühl verbindet sich mit sensiblem Sinn für Werte und Anpassungsfähigkeit an materielle Wechselfälle des Lebens. Bei unbewußt lebenden Menschen vielleicht auch Ich-Überheblichkeit und Geldträume. Mitunter Gewinn durch starke Frauen.

☉ [1] ☽ [3] *Sonne im 1. Haus, Mond im 3. Haus*

Fähigkeit, persönliche Anliegen auf gefällige und erfolgreiche Weise anderen mitzuteilen bzw. öffentlich zu vertreten.

☉ [1] ☽ [4] *Sonne im 1. Haus, Mond im 4. Haus*

Herausforderung des Horoskopinhabers, zwischen persönlichem Durchsetzungswillen und Einfühlung in tiefere seelische Lebensgesetze in der rechten Weise unterscheiden zu lernen. Vater- und Mutter-Archetypen spielen eine große Rolle.

☉ [1] ☽ [5] *Sonne im 1. Haus, Mond im 5. Haus*

Selbstbewußter Ich-Ausdruck verbunden mit Freude am »guten Leben«. Durchaus auch Kinderwunsch und/oder kreativer Umgang mit Kindern.

☉ [1] ☽ [6] *Sonne im 1. Haus, Mond im 6. Haus*

Die Bereitschaft, sich anzupassen und zu dienen, steht im Konflikt zum Willen nach selbstbestimmtem Ausdruck der Persönlichkeit. Eine Aufgabe ist, zwischen diesen beiden Tendenzen einen harmonischen Ausgleich zu finden.

☉ [1] ☽ [7] *Sonne im 1. Haus, Mond im 7. Haus*

Vollmondkonstellation. Sehnsucht und Wunschprojektionen nach Erfüllung durch das Du, während die Ich-Position oft noch nicht genug reflektiert ist und erst noch bewußt auf Partnerschaft hin gebildet werden muß.

☉ [1] ☽ [8] *Sonne im 1. Haus, Mond im 8. Haus*

Trennung und/oder Erbe von Mutter oder Frau, die den Horoskopinhaber auf sich selbst zurückwirft. Die Wandlungsfähigkeit von Gefühlen wird bewußt erfahren – auch in Krisen.

☉ 1 ☽ 9 *Sonne im 1. Haus, Mond im 9. Haus*

Deutliches Streben nach Erfolg und Durchsetzung, geleitet durch weitgesteckte Ziele oder überpersönliche, ideelle Wertmaßstäbe. Unter Umständen auch eine Neigung zu Selbstgerechtigkeit, die es nötig macht, Dogmen zu erkennen und abzulegen.

☉ 1 ☽ 10 *Sonne im 1. Haus, Mond im 10. Haus*

Selbstbewußtsein und Einfühlungsvermögen bei beruflichen Herausforderungen. Unterstützung durch Kräfte aus der Gesellschaft. Unter Umständen muß aber erst noch gelernt werden, sich beruflich wirklich erfolgreich durchzusetzen.

☉ 1 ☽ 11 *Sonne im 1. Haus, Mond im 11. Haus*

Klarheit im Auftreten nach außen, begleitet von hohen gesellschaftlichen Idealen. Möglicherweise hochgesteckte moralische Vorgaben, deren Nichteinhaltung deutlich angesprochen wird.

☉ 1 ☽ 12 *Sonne im 1. Haus, Mond im 12. Haus*

Inspiration durch übersinnliche Erlebnisse. Jenseits-Hoffnungen »locken« den Menschen, geistige Dimensionen zu erkunden. Der impulsive Lebenswille strebt jedoch nach »handfesten« Erfahrungen und greifbarer Selbstdarstellung.

Sonne im 2. Haus

☉ [2] ☽ [1] *Sonne im 2. Haus, Mond im 1. Haus*

Gesundes Selbstbewußtsein, Kraft zum Einsatz für Werte und Kunstsinn, dabei seelisch einfühlsam. Durch Umweltreaktionen leicht beeindruckbar.

☉ [2] ☽ [2] *Sonne im 2. Haus, Mond im 2. Haus*

Unsicherheit in Geld- und Wertfragen, vielleicht auch unklare Entscheidungen, jedoch starker Drang nach Sicherung der materiellen und ideellen Lebensgrundlagen.

☉ [2] ☽ [3] *Sonne im 2. Haus, Mond im 3. Haus*

Fähigkeit, sensibel und harmonisch andere Menschen von eigenen Gaben und Interessen zu überzeugen; Talent zur Vermittlung von Kunst.

☉ [2] ☽ [4] *Sonne im 2. Haus, Mond im 4. Haus*

Die Neigung, das Außenleben in großen Zügen zu genießen, steht der oft unbewußten oder verborgenen Sehnsucht gegenüber, tiefere bzw. höhere Ebenen des eigenen inneren Bewußtseinspotentials zu erfahren.

☉ [2] ☽ [5] *Sonne im 2. Haus, Mond im 5. Haus*

Ein sonniges Gemüt und expressive Kreativität; auch fürsorgliche Kinderliebe. Vorsicht vor unbedachten Spekulationen oder romantischen Genüssen, die später reuen.

☉ [2] ☽ [6] *Sonne im 2. Haus, Mond im 6. Haus*

Vertrauen in die eigene Fähigkeit, das Leben kraftvoll zu gestalten. Bereitschaft, sich im Dienst der als sinnvoll betrachteten Ziele auch einzusetzen oder gar aufzuopfern.

☉ [2] ☽ [7] *Sonne im 2. Haus, Mond im 7. Haus*

Öffentliche Anerkennung und Gewinn durch eine/n Partner/in; Partnerbeziehung wirkt sich auf Energie und Art der Selbstbehauptung aus.

☉ [2] ☽ [8] *Sonne im 2. Haus, Mond im 8. Haus*

Streben nach Vorteilen und Sicherung der Eigeninteressen. Schicksalsergebenheit. Schwankungen im Gemütsleben. Erbe durch Frauen. Vollmondkonstellation.

☉ [2] ☽ [9] *Sonne im 2. Haus, Mond im 9. Haus*

Aktivitäten sind fest auf die Sicherung materieller Werte gerichtet. Zugleich romantische Phantasien über spirituelle Ziele, die auch in die Einstellung zu Werten einfließen können.

☉ [2] ☽ [10] *Sonne im 2. Haus, Mond im 10. Haus*

Der Austausch von Geben und Nehmen und die Orientierung über Wertmaßstäbe wird von tief empfundenen Wünschen nach öffentlicher Anerkennung bestimmt.

☉ [2] ☽ [11] *Sonne im 2. Haus, Mond im 11. Haus*

Sehnsucht nach Idealen als Leitmotiv des Lebens; das Prinzip Hoffnung mag mitunter den Blick für die irdischen Notwendigkeiten des Lebens trüben.

☉ [2] ☽ [12] *Sonne im 2. Haus, Mond im 12. Haus*

Klarheit und Einsatzfreude bei Geld- und Finanzangelegenheiten verbinden sich mit der Suche nach Seelenheimat und Urvertrauen in die Beständigkeit wahrer innerer Werte.

SONNE IM 3. HAUS

☉ [3] ☽ [1] *Sonne im 3. Haus, Mond im 1. Haus*

Wille zur Kommunikation und Verhandlungsgeschick, gleichzeitig deutliche Abhängigkeit der Stimmungslage von den Menschen in der näheren Umgebung und deren Wünschen und Reaktionen.

☉ [3] ☽ [2] *Sonne im 3. Haus, Mond im 2. Haus*

Die eigenen Ziele und Interessen, sowohl in finanzieller Hinsicht wie in bezug auf Komfort und Stil im Heim, werden mit einfühlsamer Überzeugungskraft verwirklicht.

☉ [3] ☽ [3] *Sonne im 3. Haus, Mond im 3. Haus*

Erwerb von Wissen und Verständnis spielt eine wichtigere Rolle als alles andere. Potential, Persönlichkeit und Wünsche gleichermaßen in den Austausch mit anderen Menschen einzubringen.

☉ [3] ☽ [4] *Sonne im 3. Haus, Mond im 4. Haus*

Die Persönlichkeit beginnt, sich aus den Anforderungen des Alltags zu lösen und nach den Wurzeln ihres Lebens und Aufgaben ihres Bewußtseins zu suchen.

☉ [3] ☽ [5] *Sonne im 3. Haus, Mond im 5. Haus*

Zahlreiche Ortswechsel mit dem Wunsch, ein abwechslungsreicheres oder kreativeres Leben zu führen; Gabe, sich mit Kindern fröhlich auszutauschen und ihnen Wissen zu vermitteln.

☉ [3] ☽ [6] *Sonne im 3. Haus, Mond im 6. Haus*

Neigung, zwischen Menschen zu vermitteln und sich für die Belange anderer einzusetzen, vor allem für Untergebene. Mitgefühl und Hilfsbereitschaft.

☉ [3] ☽ [7] *Sonne im 3. Haus, Mond im 7. Haus*

Beweglichkeit in Gespräch und Schriftverkehr und bei Vertragsangelegenheiten, wenn es eine gute emotionale Beziehung zum jeweiligen Partner gibt.

☉ [3] ☽ [8] *Sonne im 3. Haus, Mond im 8. Haus*

Die Bemühung um Verständigung wird durch Wankelmut, Selbstkritik oder melancholische Stimmungen oft auf die Probe gestellt. Chance, echtem Mitgefühl für Menschen in Krisen sprachlichen Ausdruck zu verleihen.

☉ [3] ☽ [9] *Sonne im 3. Haus, Mond im 9. Haus*

Freude am offenen Austausch, Wißbegier und Ausdrucksfähigkeit verbinden sich mit Sehnsucht nach einem idealen Leben und Wunsch zur Erfüllung der Aufgaben der Seele. Vollmondkonstellation.

☉ [3] ☽ [10] *Sonne im 3. Haus, Mond im 10. Haus*

Der Wunsch nach Selbstdarstellung und Anerkennung in der Öffentlichkeit kann durch vielseitige Beredsamkeit erfüllt werden. »Schriftsteller-Konstellation«.

☉ [3] ☽ [11] *Sonne im 3. Haus, Mond im 11. Haus*

Kommunikationstalent und soziale Reformwünsche, Umgänglichkeit im Alltag und Fähigkeit, Freunde für Unternehmungen zugunsten der Gemeinschaft zu begeistern.

☉ [3] ☽ [12] *Sonne im 3. Haus, Mond im 12. Haus*

»Angeborene« Umtriebigkeit und Streben nach Gedankenaustausch steht in (fruchtbarer?) Spannung zum Wunsch, sich für neue spirituelle Dimensionen zu öffnen und tiefere Erfahrungen zu machen.

SONNE IM 4. HAUS

☉ [4] ☽ [1] *Sonne im 4. Haus, Mond im 1. Haus*

Die Elternbeziehung bestimmt das Leben entscheidend; in der zweiten Lebenshäfte Rückzug der Persönlichkeit ins Private bzw. aus oberflächlichen Außenbeziehungen heraus in geistige Tiefen.

☉ [4] ☽ [2] *Sonne im 4. Haus, Mond im 2. Haus*

Wertmaßstäbe sind, zumindest im Alter, stark an Sitte und Tradition gebunden; erworbener Besitz wird festgehalten. Unter Umständen Entwicklung und Anwendung übersinnlicher Gaben.

☉ [4] ☽ [3] *Sonne im 4. Haus, Mond im 3. Haus*

Wechselnde gefühlsbedingte Impulse aus dem Austausch mit der unmittelbaren Umgebung stören immer wieder die Bemühung um Sicherung von Besitz und Lebensgrundlagen.

☉ [4] ☽ [4] *Sonne im 4. Haus, Mond im 4. Haus*

Starker Einfluß des Vater-Archetyps (positiv oder negativ) und geheime Sehnsucht nach Ausbruch aus tradionellen Mustern. Das Gemüt wäre offen für Innenschau. Neumondkonstellation.

☉ [4] ☽ [5] *Sonne im 4. Haus, Mond im 5. Haus*

Familiensinn und innige Verbundenheit mit Herkunft und Heimat; Sehnsucht nach dem (auch erotischen) Abenteuer, um aus Mustern auszubrechen, die als einschränkend erfahren werden.

☉ [4] ☽ [6] *Sonne im 4. Haus, Mond im 6. Haus*

Echte Selbstsicherheit stellt sich erst in der zweiten Hälfte des Lebens ein, dann glücklicher Lebensabend. Zuvor Aufregungen und Gefühlswirren in Zusammenhang mit Arbeit, Dienst und Heilberufen.

☉ [4] ☽ [7] *Sonne im 4. Haus, Mond im 7. Haus*

Sehnsucht, die tiefe Verwurzelung in Tradition und vorgegebenen Lebensregeln durch eine emotional erfüllende Liebesbeziehung harmonischer und erfüllender zu gestalten.

☉ [4] ☽ [8] *Sonne im 4. Haus, Mond im 8. Haus*

Das kleine Ich, das im 4. Haus nach materiellen und geistigen Sicherheiten sucht, wird, um das Selbst zu finden, im 8. Haus durch Krisen zur Entwicklung und bewußten Reifung veranlaßt.

☉ [4] ☽ [9] *Sonne im 4. Haus, Mond im 9. Haus*

Der Sinn für Beständigkeit und die Ruhe im Althergebrachten erfährt immer wieder starke Impulse zur Neuorientierung durch ein Seelenleben, das über die engen Grenzen der Tradition hinausgeht.

☉ [4] ☽ [10] *Sonne im 4. Haus, Mond im 10. Haus*

Spannung zwischen weiblichen und männlichen Kräften (auch Vater- und Mutterverhältnis); anfänglich starke Wünsche nach Erfolg und Anerkennung geben später im Leben der Suche nach geistigen Werten Raum.

☉ [4] ☽ [11] *Sonne im 4. Haus, Mond im 11. Haus*

Begeisterung für Neues. Soziale Reformen, gesellschaftliche Ideale sowie der Bekanntenkreis werden kritisch überprüft anhand dessen, was Herkunft, Sitte und Besitzverhältnisse erlauben.

☉ [4] ☽ [12] *Sonne im 4. Haus, Mond im 12. Haus*

Das Gemüt ist offen für phantasievolle und mediale Eindrücke aus dem höheren Seelenleben. Der bewußte Wille sucht indes auch nach greifbaren Grundlagen für eine spirituelle Lebensführung. Meditation.

Sonne im 5. Haus

☉ [5] ☽ [1] *Sonne im 5. Haus, Mond im 1. Haus*

In der ersten Lebenshälfte instabiles Gefühlsleben, das zwischen fröhlichem Enthusiasmus und enttäuschten Träumen schwankt; später die Kraft, voller Herzenswärme schöpferisch tätig zu sein.

☉ [5] ☽ [2] *Sonne im 5. Haus, Mond im 2. Haus*

Man möchte viel Wertvolles erwerben und gleichzeitig selbst glänzen. Vorsicht vor Glücksspiel und unübersehbaren Projekten, die viel zu versprechen scheinen.

☉ [5] ☽ [3] *Sonne im 5. Haus, Mond im 3. Haus*

Was im Alltag in der unmittelbaren Umgebung erlebt oder durch Gespräche und Briefe oder auf Reisen erfahren wird, fließt ein in die spielerische kreative Selbstverwirklichung, zum Beispiel in Hobbys und Freizeitaktivitäten.

☉ [5] ☽ [4] *Sonne im 5. Haus, Mond im 4. Haus*

Sehnsucht nach Sicherheit im materiellen oder spirituellen Sinne; das Gefühl, manchmal aus der Suche nach Stille, Frieden, Heimat und Verwurzelung gegen den eigenen Willen in oberflächliche Tätigkeiten gezogen zu werden.

☉ [5] ☽ [5] *Sonne im 5. Haus, Mond im 5. Haus*

Eltern- und Kinderliebe, schöpferische Talente; Lebenslust durch Prestige und erotische Ausstrahlung; eventuell fühlt sich der Mensch allerdings oft wie »blockiert« und muß erst durch eine bewußte Erkenntnis seiner Lebensaufgaben seine positiven Energien freisetzen.

☉ [5] ☽ [6] *Sonne im 5. Haus, Mond im 6. Haus*

Aus innerer Stärke, Herzenswärme und Großmut heraus die Gabe, voller Phantasie und mit seelischer Anteilnahme anderen Menschen helfen können, ihr Leben zu meistern.

☉ [5] ☽ [7] *Sonne im 5. Haus, Mond im 7. Haus*

Mann- und Vaterbilder spielen in den Erwartungen, Vorstellungen oder Projektionen über Partnerschaft eine wichtige Rolle; Selbstsicherheit als Fundament, sich dem/der Partner/in liebevoll zu öffnen.

☉ [5] ☽ [8] *Sonne im 5. Haus, Mond im 8. Haus*

Streben nach Genuß oder »Gluckenverhalten« gegenüber anderen bei gleichzeitiger Schwierigkeit, die eigenen Ich-Schwächen zu sehen. Man ist aufgefordert, die Ego-Grenzen bewußt zu erkennen und ständig an sich zu arbeiten.

☉ [5] ☽ [9] *Sonne im 5. Haus, Mond im 9. Haus*

Selbstbewußtsein und charismatische Ausstrahlung oder Verführungskraft. Dabei leicht begeisterungsfähig für weitgesteckte Pläne, hochfliegende Ziele oder exotische, entfernt liegende Orte.

☉ [5] ☽ [10] *Sonne im 5. Haus, Mond im 10. Haus*

Die Erfüllung des Wunsches nach beruflicher Durchsetzung und gesellschaftlicher Anerkennung wird mit Hilfe von starken und kreativen Männern oder ebensolchen männlichen Kräften angestrebt.

☉ [5] ☽ [11] *Sonne im 5. Haus, Mond im 11. Haus*

Vielseitige Interessen und impulsiver Enthusiasmus machen diese Menschen zu geselligen und gern gesehenen Zeitgenossen. Neigung, sich überstürzt in Dinge einzulassen, die man im Nachhinein lieber besser überlegt hätte.

☉ 5 ☽ 12 *Sonne im 5. Haus, Mond im 12. Haus*

Die Persönlichkeit sucht spielerische Lebensfreude und schöpferischen Ausdruck in der Welt, die Seele ahnt etwas von den inneren Welten und von einer überweltlichen ewigen Heimat.

SONNE IM 6. HAUS

☉ 6 ☽ 1 *Sonne im 6. Haus, Mond im 1. Haus*

Dienste und Pflichten des Alltags stehen dem Wunsch nach ungebremstem Gefühlsausdruck gegenüber. Diese Spannung läßt sich nur zum einen über Bewußtseinserweiterung und zum anderen über Geduld auflösen.

☉ 6 ☽ 2 *Sonne im 6. Haus, Mond im 2. Haus*

Der Umgang mit anderen Menschen in der Arbeit und im Gesundheitsbereich hat mit der Suche des Gemüts nach Sicherheit zu tun. Nicht schneller Reichtum ist angesagt, sondern kontinuierlicher Einsatz für echte Werte.

☉ 6 ☽ 3 *Sonne im 6. Haus, Mond im 3. Haus*

Hoffnungen und Illusionen, ein hohes Mitteilungsbedürfnis und Suche nach unverbindlichem Austausch mit der Umwelt müssen in ein konstruktives Verhältnis kommen zu Verantwortungsbewußtsein, Pflichtgefühl und disziplinierter Lebensführung.

☉ 6 ☽ 4 *Sonne im 6. Haus, Mond im 4. Haus*

Aus einer tiefen Verwurzelung in Grundlagen, die Sicherheit geben – seien es Mutterbande, Grundbesitz, Heimatverbindung, reiche Quellen des Unbewußten oder spirituelle Wahrheiten –, erwächst die Kraft, die Herausforderungen des Alltagslebens zu bestehen.

☉ [6] ☽ [5] *Sonne im 6. Haus, Mond im 5. Haus*

Man kann gut trennen zwischen einer großzügigen Zuwendung und sonnigen Erledigung der als selbstgewählt erkannten Arbeiten und Pflichten und der unbekümmerten, manchmal auch abenteuerlustigen Weise, die schönen privaten Seiten des Lebens zu gestalten.

☉ [6] ☽ [6] *Sonne im 6. Haus, Mond im 6. Haus*

Unter Umständen opfert man sich auf und fühlt sich ausgenutzt. Es geht darum, zwischen notwendiger Arbeit, wahrem Dienst und sinnvollem Opfer und dem, was auf Erwartungen der Umwelt oder Projektionen beruht, bewußt unterscheiden zu lernen.

☉ [6] ☽ [7] *Sonne im 6. Haus, Mond im 7. Haus*

Philosophische Einstellung zum Leben und stille Bemühung um Vorbilder werden als Erwartung auch in die jeweilige Partnerschaft projiziert oder gewünscht.

☉ [6] ☽ [8] *Sonne im 6. Haus, Mond im 8. Haus*

Schwierigkeiten im Alltag, mit Kollegen und Untergebenen sowie Gesundheitsprobleme dienen als Auslöser für Ich-Krisen, in denen man »gezwungen« wird, Lebensmut und Herzenswärme in sich oder »über sich« – nicht mehr außerhalb – zu entdecken.

☉ [6] ☽ [9] *Sonne im 6. Haus, Mond im 9. Haus*

Entweder die Lockungen des Fernwehs oder idealistisches Streben führen die Seele weit weg aus den Niederungen des irdischen Alltags, in den man sich immer wieder aufs neue sehr bewußt und willentlich einleben muß.

☉ 6 ☽ 10 *Sonne im 6. Haus, Mond im 10. Haus*

Durch Einfühlung in andere die Chance, großen Erfolg und öffentliche Anerkennung zu erlangen; zum Beispiel in der Menschenführung und im Gesundheitswesen.

☉ 6 ☽ 11 *Sonne im 6. Haus, Mond im 11. Haus*

Die Fähigkeit zur beständigen Arbeit am Notwendigen verbindet sich mit der Inspiration durch hohe Ideale und große Pläne zur Verbesserung des menschlichen Lebens.

☉ 6 ☽ 12 *Sonne im 6. Haus, Mond im 12. Haus*

Ausdauer und Beharrlichkeit im Dienst an der Allgemeinheit oder Familie und Beharrlichkeit im Verfolgen spiritueller Träume und Möglichkeiten stellen eine Hauptaufgabe in diesem Leben dar.

SONNE IM 7. HAUS

☉ 7 ☽ 1 *Sonne im 7. Haus, Mond im 1. Haus*

Bewußtseinsspannung zwischen Vater und Mutter und/oder männlichen und weiblichen Kräften bzw. Partnern. Das Partnerbild wird durch Männerbilder wesentlich mit bestimmt – man erwartet vielleicht vom Partner Sicherheit, die man selber (noch) nicht hat. Die eigene Rolle im Leben unterliegt kräftigen Gemütsschwankungen.

☉ [7] ☽ [2] *Sonne im 7. Haus, Mond im 2. Haus*

Eine Partnerschaft soll (und kann auch) etwas »bringen«. Es liegt an der Bewußtseinsentwicklung, ob man eher finanzielle oder eher spirituelle Werte anstrebt.

☉ [7] ☽ [3] *Sonne im 7. Haus, Mond im 3. Haus*

Geselligkeit, Wissensdurst und Gabe zur ungezwungenen Konversation. Vom Partner erwartet man ein gleichgeartetes Interesse; kleinere Reisen mit dem Partner dienen der erbaulichen »Auffrischung« gemeinsamer Lebensfreude.

☉ [7] ☽ [4] *Sonne im 7. Haus, Mond im 4. Haus*

Bereitschaft zur Bindung, gleichzeitig starke Sehnsucht nach Sicherheit durch Grund- und Hausbesitz und mütterliche Kräfte oder Aufgaben.

☉ [7] ☽ [5] *Sonne im 7. Haus, Mond im 5. Haus*

Hingabebereitschaft, Liebesbedürfnis, Sehnsucht nach Zärtlichkeit. Man möchte die eigene Lebenslust und kreative Arbeit zum Teil der Du-Beziehung machen.

☉ [7] ☽ [6] *Sonne im 7. Haus, Mond im 6. Haus*

Aufmerksame Zuwendung zu anderen Menschen im Alltag bis zur Hingabe, fürsorgliche Einstellung zum Nächsten – vielleicht aufgrund einer heimlichen Sehnsucht, mit dieser Lebensführung das »Schicksal« zu »zwingen«, den idealen Partner zu bringen.

☉ [7] ☽ [7] *Sonne im 7. Haus, Mond im 7. Haus*

Tiefreichende seelische Befruchtung der Partner oder gegenseitige Energieblockade. Opferbereitschaft für das Du oder übergroße Erwartungen und unrealistische Projektionen, die dann »ent-täuscht« werden (müssen).

☉ 7 ☽ 8 *Sonne im 7. Haus, Mond im 8. Haus*

Das Du wird als große Herausforderung oder gar Lebensaufgabe erfahren, in der man um Beständigkeit in den eigenen Gefühlen ringen oder lernen muß, ganz neue Wertmaßstäbe für Partnerschaft zu finden.

☉ 7 ☽ 9 *Sonne im 7. Haus, Mond im 9. Haus*

Abenteuerlust und Sehnsucht nach fernen Gestaden in einer Partnerschaft, die auf Lebensfreude und Kameradschaft aufgebaut ist – das ist ein wichtiges »Ziel« dieser Sonne-Mond-Stellung.

☉ 7 ☽ 10 *Sonne im 7. Haus, Mond im 10. Haus*

Berufswechsel und schwankende Popularität, zugleich Fähigkeit, sich in beruflichen oder persönlichen Beziehungen zu binden und schöpferisch zu wirken.

☉ 7 ☽ 11 *Sonne im 7. Haus, Mond im 11. Haus*

Suche nach Abwechslung und immer neuen Herausforderungen, meist mit sozialreformerischem Charakter; anziehende Ausstrahlung auf Partner oder Suche nach einem charismatischen Du.

☉ 7 ☽ 12 *Sonne im 7. Haus, Mond im 12. Haus*

Aus einer inneren Verbindung zu höheren Seelenebenen entstehen Idealvorstellungen über Partnerschaft und Du-Beziehung; platonische Liebe, zum Beispiel zu einer Meisterseele.

Sonne im 8. Haus

☉ [8] ☽ [1] *Sonne im 8. Haus, Mond im 1. Haus*

Nach außen wirken diese Menschen schnell von jemandem oder etwas begeistert und allgemein extrovertiert, innen kämpfen sie aber kritisch mit sich und ihren eigenen hohen Erwartungen und Maßstäben.

☉ [8] ☽ [2] *Sonne im 8. Haus, Mond im 2. Haus*

Wunschträume und Realitäten, finanzielle Bestrebungen und Lebenswirklichkeiten stehen in einer Spannung, die bewußt angenommen und gelöst werden will. Es geht darum, Schein und Sein, oberflächlichen Tand und echte Werte unterscheiden zu lernen.

☉ [8] ☽ [3] *Sonne im 8. Haus, Mond im 3. Haus*

Eine wesentliche Aufgabe besteht darin, trotz allen Mitteilungsbedürfnisses Ich-Krisen nicht damit zu überspielen. Vielmehr muß die Frage nach dem »Wer bin ich?« ernsthaft gestellt und tiefschürfend beantwortet werden.

☉ [8] ☽ [4] *Sonne im 8. Haus, Mond im 4. Haus*

Wunderbare Phantasien und hochfliegende Ideale müssen sich erst durch die »Feuerprobe« der Selbst-Erkenntnis und Ego-Transformation bewähren.

☉ [8] ☽ [5] *Sonne im 8. Haus, Mond im 5. Haus*

Durch unbedachte und gefühlsbedingte Wünsche und Handlungen bringt man sich leicht in Schwierigkeiten, die dann dazu zwingen, sich neu zu erden und die eigene Persönlichkeit Lernaufgaben zu unterziehen, sich also bewußt zu transformieren.

☉ 8 ☽ 6 *Sonne im 8. Haus, Mond im 6. Haus*

Helfen wollen (und können) bis hin zur Opferbereitschaft; aber auch starke Inanspruchnahme durch Kritik und Selbstkritik. Gabe, für die Gesundheit anderer Menschen tätig zu sein.

☉ 8 ☽ 7 *Sonne im 8. Haus, Mond im 7. Haus*

Der Mensch fühlt sich auf das Echo des/der Partners/in angewiesen und sucht es beständig, sieht sich aber gleichzeitig postwendend mit Unklarheiten in engen (persönlichen oder beruflichen) Partnerschaften konfrontiert, die er lösen muß.

☉ 8 ☽ 8 *Sonne im 8. Haus, Mond im 8. Haus*

»Gallebitter ist es zu leiden, honigsüß, gelitten zu haben«, soll Meister Eckehart gesagt haben. Diese Menschen müssen durch tiefe Krisen hindurch, um aus der Kohle der Gemütsbewegungen den Diamanten der Seelenerfahrung zu gewinnen. Großes Erbe.

☉ 8 ☽ 9 *Sonne im 8. Haus, Mond im 9. Haus*

Die Notwendigkeit, sich in großen Herausforderungen zu bewähren, führt zu einer seelischen Öffnung für überpersönliche Kräfte aus neuen Idealen, magischen Ritualen oder spirituellen Lichtebenen.

☉ 8 ☽ 10 *Sonne im 8. Haus, Mond im 10. Haus*

Aufforderung des Schicksals oder Karmas an den Menschen, Träume über Selbstverwirklichung und Erfolg in der Gesellschaft nicht an alten Ego-Mustern und Widerständen scheitern zu lassen, sondern immer wieder positiv zu denken und konstruktiv zu handeln.

☉ 8 ☽ 11 *Sonne im 8. Haus, Mond im 11. Haus*

Wißbegier, gesellschaftlichen Phänomenen auf den Grund zu gehen, Ideale, Ziele und kollektive Verhaltensweisen zu analysieren.

☉ 8 ☽ 12 *Sonne im 8. Haus, Mond im 12. Haus*

Beschäftigung mit Jenseitsthemen, Sterbe- und Werdeprozessen, der Bedeutung von Geburt, Leben und Tod sowie Wiedergeburt. Mediale Neigungen, Interesse an ungewöhnlichen Heilweisen.

Sonne im 9. Haus

☉ 9 ☽ 1 *Sonne im 9. Haus, Mond im 1. Haus*

Drang, Erkenntnisse höherer Art auch anderen Menschen zugänglich zu machen; bisweilen sogar mediale Fähigkeiten, die diese Absicht erleichtern. Neigung zu stark persönlichen, subjektiven Betrachtungen der Welt und ihrer Werte.

☉ 9 ☽ 2 *Sonne im 9. Haus, Mond im 2. Haus*

»Der Geist ist willig, das Fleisch ist schwach«, könnte man zu dieser Konstellation überpointiert sagen. Der Geist schweift in die Ferne und Höhe, das Gemüt möchte sich am Hier und Jetzt erfreuen. Da heißt es, einen bewußten Ausgleich zu schaffen.

☉ 9 ☽ 3 *Sonne im 9. Haus, Mond im 3. Haus*

Idealistische Pläne oder dogmatische Überzeugungen einerseits, Kontaktsuche und Reiselust sowie eine ausgeprägte Phantasie andererseits. Vollmondstellung.

☉ 9 ☽ 4 *Sonne im 9. Haus, Mond im 4. Haus*

Sonniger Charakter, der Kraft aus der Tiefe des Lebens schöpft – über eine Mutterfigur, durch eine kreative Einbindung in Energien des Unbewußten oder durch eine innige (vielleicht unbewußte) spirituelle Verwurzelung.

☉ 9 ☽ 5 *Sonne im 9. Haus, Mond im 5. Haus*

Lebenslust und schöpferische Vorstellungen erfahren eine geistige Überhöhung und Rechtfertigung durch Einbindung in spirituelle Konzepte. Neue Horizonte und Überseereisen spielen eine Rolle.

☉ 9 ☽ 6 *Sonne im 9. Haus, Mond im 6. Haus*

Empfindsamkeit für Sorgen und Nöte der Umwelt bei einer Tendenz zur Erklärung von Weltgeschehen und Einzelschicksalen durch dogmatisch begründete Weltbilder und gesellschaftliche Gesetze.

☉ 9 ☽ 7 *Sonne im 9. Haus, Mond im 7. Haus*

Mitfühlende Zuwendung zu Menschen aufgrund hoher Ideale. Erwartungen an den Partner/die Partnerin, sich den eigenen Weltanschauungen anzupassen.

☉ 9 ☽ 8 *Sonne im 9. Haus, Mond im 8. Haus*

Aus Ich-Krisen und verletzten Gefühlen kann neue Zuversicht und Lebensmut erwachsen, wenn der Mensch die Kraft in sich aktiviert, seine höhere Natur, sein wahres Selbst zum Ausdruck zu bringen.

☉ 9 ☽ 9 *Sonne im 9. Haus, Mond im 9. Haus*

Ein wesentlicher neuer karmischer Zyklus beginnt mit diesem Leben. In dieser Inkarnation geht es zuallererst darum, echte Werte und überpersönliche Ziele zu erkennen. Dieses Leben dient der Rückverbindung mit der göttlichen Quelle der Seele.

⊙ [9] ☽ [10] *Sonne im 9. Haus, Mond im 10. Haus*

Die eigenen Überzeugungen können öffentliche Bedeutung gewinnen. Persönliches Charisma kann auf festen Grundwerten aufbauen. Gefahr, statt Idealen Idole zu suchen.

⊙ [9] ☽ [11] *Sonne im 9. Haus, Mond im 11. Haus*

Religiöse Überzeugungen verbinden sich mit dem Wunsch nach einer besseren Welt. Dafür können Weitblick, Kontakte über Grenzen hinaus und Opferbereitschaft mobilisiert werden.

⊙ [9] ☽ [12] *Sonne im 9. Haus, Mond im 12. Haus*

Eine grundsätzlich menschenfreundliche Gesinnung paart sich mit Offenheit für die spirituelle Suche. Dazu kommt eine wache Unterscheidungskraft, um Echtes von Oberflächlichem zu trennen.

Sonne im 10. Haus

⊙ [10] ☽ [1] *Sonne im 10. Haus, Mond im 1. Haus*

Eine vorrangige Aufgabe besteht darin, im Leben mehr als nur Erfolg, Berühmtheit und Führungspositionen zu suchen. Stolz könnte zu einem Stolperstein werden; also gilt es, sich daran zu »er-innern«, daß uns nichts gehört, sondern uns alles nur geliehen ist.

☉ [10] ☽ [2] *Sonne im 10. Haus, Mond im 2. Haus*

Mittel und Fähigkeiten können mit Phantasie und Einfühlungsvermögen sinnvoll eingesetzt werden, um große Pläne zu verwirklichen und viel Anerkennung zu erreichen.

☉ [10] ☽ [3] *Sonne im 10. Haus, Mond im 3. Haus*

Die Konzentration auf das Wesentliche kann durch sensible Kommunikation und bewußt eingesetzte herzliche Ausdruckskraft zu guten Erfolgen führen.

☉ [10] ☽ [4] *Sonne im 10. Haus, Mond im 4. Haus*

Sehnsucht nach zurückgezogener Geborgenheit und äußerer oder innerer Heimat bei gleichzeitig hoher Verantwortung im öffentlich sichtbaren gesellschaftlichen Rahmen. Vollmondstellung.

☉ [10] ☽ [5] *Sonne im 10. Haus, Mond im 5. Haus*

Die Lust am Träumen und Leben, am Spielen und Phantasieren kommt der Verpflichtung, sich beruflich zu engagieren, in die Quere. Fröhliche und kinderliebe Menschen.

☉ [10] ☽ [6] *Sonne im 10. Haus, Mond im 6. Haus*

Herzliche Anteilnahme am Schicksal der unmittelbaren Umwelt und liebevolle Hilfsbereitschaft bilden ein gesundes Fundament für legitimen persönlichen Erfolg in Beruf oder Öffentlichkeit.

☉ [10] ☽ [7] *Sonne im 10. Haus, Mond im 7. Haus*

Empfänglichkeit für Stimmungen, Wünsche und verborgene Absichten von Partnern. Entweder die Gabe, Falschheit zu erkennen oder die Verlockung, sich wider besseres Wissen blenden zu lassen.

☉ [10] ☽ [8] *Sonne im 10. Haus, Mond im 8. Haus*

Enttäuschungen und Ich-Krisen führen zur Notwendigkeit und Stärke, sich durchzusetzen, um einen gesicherten äußeren Rahmen durch greifbare und bleibende Erfolge zu schaffen.

☉ [10] ☽ [9] *Sonne im 10. Haus, Mond im 9. Haus*

Intuitive oder mediale Inspirationen verleihen den konkreten Vorhaben und Aktivitäten eine weitere Perspektive und eine tiefere seelische Motivation.

☉ [10] ☽ [10] *Sonne im 10. Haus, Mond im 10. Haus*

Große Vorbilder stimulieren zum Erfolg – oder sie hemmen, weil sie gar zu übermächtig und unerreichbar erscheinen. Die Persönlichkeitskräfte können gebündelt eingesetzt werden, um Bedeutendes zu leisten – wenn man an ein hohes Ziel glaubt.

☉ [10] ☽ [11] *Sonne im 10. Haus, Mond im 11. Haus*

Persönliche Durchsetzungskraft in der Gesellschaft kann genutzt werden, um – zumindest in der zweiten Hälfte des Lebens – sozial nützliche und humanistisch erstrebenswerte Ziele in der Gemeinschaft mit anderen zu erreichen.

☉ [10] ☽ [12] *Sonne im 10. Haus, Mond im 12. Haus*

Was im Außen erreicht werden kann bzw. worden ist, dient als Fundament für den Aufbruch in die Innenwelten. Oder man hadert mit dem anscheinenden Mangel an Erfolg und hindert sich dadurch selbst daran, geistig Wesentliches zu erkennen und anzustreben.

Sonne im 11. Haus

☉ [11] ☽ [1] *Sonne im 11. Haus, Mond im 1. Haus*

Wohlbefinden im Freundeskreis und unter Gleichgesinnten, wenn überpersönliche Anliegen im Zentrum stehen und der Mensch die Möglichkeit findet, seine Träume darzustellen und ihnen zu folgen.

☉ [11] ☽ [2] *Sonne im 11. Haus, Mond im 2. Haus*

Das Bedürfnis, sich mit den schönen Seiten des Lebens zu beschäftigen und darin eine persönliche Erfüllung sowie ein Einkommen zu finden, muß mit sozialen Herausforderungen in Gleichklang gebracht werden .

☉ [11] ☽ [3] *Sonne im 11. Haus, Mond im 3. Haus*

Fähigkeit, gesellschaftliche Anliegen, Reformvorhaben und höhere Ziele in gefälliger Weise im Alltag darzustellen, dafür zu werben und in der Umwelt damit »anzukommen«.

☉ [11] ☽ [4] *Sonne im 11. Haus, Mond im 4. Haus*

Wohlbefinden im Rahmen einer Gemeinschaft oder Gruppe, die nicht zu persönlich und nahe wird; zugleich Sehnsucht nach einer intimen Zugehörigkeit zu einer »Familie«, in der Selbstvertrauen und natürliches Urvertrauen ins Leben möglich sind.

☉ [11] ☽ [5] *Sonne im 11. Haus, Mond im 5. Haus*

Hintergrundwissen sowie oft unbemerkte kollektiv wirkende Weichenstellungen aus einem Team heraus werden in spielerischer Weise einzelnen Menschen so nahegebracht, daß diese das als lebensbejahend und von ihnen selbst gewünscht ansehen.

☉ 11 ☽ 6 *Sonne im 11. Haus, Mond im 6. Haus*

Gedanken und Projekte zur Verbesserung des gesellschaftlichen Lebens können verbunden werden mit Hilfsbereitschaft, Mitgefühl und Übernahme von Verantwortung.

☉ 11 ☽ 7 *Sonne im 11. Haus, Mond im 7. Haus*

Aus der Partnerschaft kommen Impulse, die die Phantasie beflügeln und zu Träumen einer Weltverbesserung führen, die man am liebsten mit anderen gemeinsam verwirklichen möchte.

☉ 11 ☽ 8 *Sonne im 11. Haus, Mond im 8. Haus*

Die »Psycho-Energie« von enttäuschten Gefühlen und bewußt verarbeiteten Gemütskrisen kann genutzt werden, um sich der tatkräftigen Umsetzung überpersönlicher Pläne zu widmen, die vielen Menschen helfen.

☉ 11 ☽ 9 *Sonne im 11. Haus, Mond im 9. Haus*

Aus medialen Ahnungen, religiösen Gefühlen und spirituellen Erlebnissen erwächst die Inspiration, im Verein mit anderen Menschen etwas für die Welt zu tun.

☉ 11 ☽ 10 *Sonne im 11. Haus, Mond im 10. Haus*

Erfolge in der Öffentlichkeit machen es leicht, großzügig gegenüber Menschen zu sein, die anscheinend nicht auf der Sonnenseite des Lebens stehen.

☉ 11 ☽ 11 *Sonne im 11. Haus, Mond im 11. Haus*

Potential und Bereitschaft, das Leben nach sozialen und übergeordneten Maßstäben auszurichten. Neumondkonstellation, also ein Neubeginn, der geistig zu bestimmen und spirituell zu leben wäre.

☉ [11] ☽ [12] *Sonne im 11. Haus, Mond im 12. Haus*

Aus dem Einsatz für andere und dem Dienst ohne direkte öffentliche Anerkennung entsteht die Kraft der Seele, sich ihres eigenen Ursprungs bewußt zu werden und den Weg in die spirituelle Heimat anzutreten.

Sonne im 12. Haus

☉ [12] ☽ [1] *Sonne im 12. Haus, Mond im 1. Haus*

Ein neuer karmischer Zyklus beginnt, in dem sich der Mensch seinem unsterblichen Wesen innig verbunden wissen darf, und sich zugleich mit den Gaben seines Gemüts seinen speziellen Aufgaben in der Welt zuwenden soll.

☉ [12] ☽ [2] *Sonne im 12. Haus, Mond im 2. Haus*

Einsatz von Mitteln und Werten, von geistigen Fähigkeiten und materiellem Besitz für Forschungen, Bestrebungen oder Unternehmungen, die aus dem Rahmen des Üblichen fallen.

☉ [12] ☽ [3] *Sonne im 12. Haus, Mond im 3. Haus*

Potential, sich über wesentliche Einsichten anderen Menschen mitzuteilen und auch deren Gefühle und Gedanken auszudrücken. Sich von derartigen Einsichten tatsächlich im Alltag leiten lassen.

☉ [12] ☽ [4] *Sonne im 12. Haus, Mond im 4. Haus*

Die Entfaltung des höheren Selbstes ist ein zentrales Ziel in diesem Lebensplan; auf der subjektiven Gefühlsebene Wunsch nach ungestörtem Familienfrieden und Chancen, in die Tiefen des Un- und Überbewußten selbstbewußt einzutauchen.

☉ [12] ☽ [5] *Sonne im 12. Haus, Mond im 5. Haus*

Kinderliebe, mütterliche Fürsorge, Lust am Spiel mit dem (erotischen) Feuer einerseits, andererseits die karmische Aufgabe, die Kraft zu entdecken, die Persönlichkeit und Ego überhaupt erst beseelt.

☉ [12] ☽ [6] *Sonne im 12. Haus, Mond im 6. Haus*

Die Sinne und die Wünsche gehen nach außen, während das Wesentliche innen geschehen muß: Selbstverwirklichung. Im Dienst am Nächsten wächst das Bewußtsein der Seele.

☉ [12] ☽ [7] *Sonne im 12. Haus, Mond im 7. Haus*

Wechselhafte Hoffnungen in den/die Partner/in, Erwartungen und Projektionen, die über kurz oder lang »ent-täuscht« werden müssen. Daraus entsteht der Zug oder Zwang, sich den Kräften und Dimensionen zu widmen, die in einem selbst liegen.

☉ [12] ☽ [8] *Sonne im 12. Haus, Mond im 8. Haus*

Durch persönliche Krisen (= Begegnung mit dem Schatten, Verluste, »Ent-Täuschungen«) wird das Feld bereitet, in dem man sich von der Gemütsebene auf die Seelenebene entwickelt.

☉ [12] ☽ [9] *Sonne im 12. Haus, Mond im 9. Haus*

Berührende Begegnungen mit Fremdem, innige religiöse Suche, übersinnliche Erlebnisse und andere Grenzerfahrungen schaffen ein emotionales Fundament, auf dem eine ernsthafte Bemühung um Innenschau und Selbstverwirklichung aufbauen kann.

☉ [12] ☽ [10] *Sonne im 12. Haus, Mond im 10. Haus*

Gesellschaftlicher Ruhm und Berufserfolge werden als schwankend empfunden; daraus können Impulse kommen, nach bleibenden spirituellen Werten zu suchen.

☉ [12] ☽ [11] *Sonne im 12. Haus, Mond im 11. Haus*

Bemühung um Selbsterkenntnis und Konzentration auf jene Wünsche, die sich gesellschaftlich oder an den eigenen Idealen gemessen vertreten lassen.

☉ [12] ☽ [12] *Sonne im 12. Haus, Mond im 12. Haus*

Beide Lichter in jenem Haus, das für spirituelle Interessen, den »Zwang« zur Selbsterkenntnis und die Sehnsucht nach wahrem Wissen steht, sind eine unüberhörbare Aufforderung, sich diesen Bereichen auch wirklich bewußt zu widmen. Neumondkonstellation.

4 Sonne und Mond in den Zeichen

Die folgenden Hinweise sind Anregungen, Aussagen zu einzelnen Horoskop-Faktoren sinnvoll zu interpretieren. Die Zusammenschau der vielen Deutungsmerkmale eines Horoskops ist bekanntlich das Schwierigste in der Astrologie überhaupt. Die folgenden Aussagen sind bitte nicht als »Kochrezepte« mißzuverstehen, sondern dienen als Impulse für die weitergehende Interpretation einer Horoskopanalyse, die aus vielen komplexen Einzelfaktoren besteht.

Sonne im Widder

☉♈ ☽♈ *Sonne im Widder, Mond im Widder*

Bewußte Wahrnehmung, rasche Auffassung, gute Denkfähigkeit und der Drang, immer »vorn dran« zu sein. Viel Energie und gute Vitalität, vor allem, wenn die Sonne Anfang bis Mitte Widder und der Mond Mitte bis Ende Widder steht, bzw., wenn es sich nicht um eine exakte Neumondkonstellation handelt.

☉♈ ☽♉ *Sonne im Widder, Mond im Stier*

Praktisch orientiertes Wesen, mit angemessenem Raum für Ideale. Wille und Energie, Neues zu schaffen, und Beständigkeit und Umsetzungskraft, das auch auszuführen.

☉♈ ☽♊ *Sonne im Widder, Mond in den Zwillingen*

Starke mentale Interessen und Tätigkeiten sowie gute manuelle Fertigkeiten. Vorliebe für Abwechslung, aber auch Tendenz zur Ruhelosigkeit, Überanstrengung und Mangel an Zielstrebigkeit und Beharrungsvermögen.

☉♈ ☽♋ *Sonne im Widder, Mond im Krebs*

Eine Seite neigt zu einem unternehmungslustigen, aktiven Selbstausdruck, die andere zieht eine empfindsame und auf das Häusliche ausgerichtete Lebenshaltung vor. Ehrgeiz und Streben nach Anerkennung und der Wille, etwas sichtbar hervorzubringen, verbinden sich mit Vorstellungskraft und Einfühlungsvermögen.

☉♈ ☽♌ *Sonne im Widder, Mond im Löwen*

Warmherziges Wesen, bemerkenswerte Intuition, eine gute gegenseitige Förderung von Hirn und Herz, klares Denken und religiöse Neigungen. Gute Vitalität und eine markante Persönlichkeit. Enttäuschungen, vor allem in Herzensangelegenheiten, werden nur schwer verdaut.

☉♈ ☽♍ *Sonne im Widder, Mond in der Jungfrau*

Die kritischen, analytischen Seiten sind gut entwickelt, sichere Unterscheidungskraft kommt dazu. Oft sind die Gaben besser als die Lebensumstände. Eine karmische Aufgabe mag darin zu sehen sein, daß man lernen muß, innerhalb von bestimmten

Grenzen den bestmöglichen schöpferischen Selbstausdruck zu üben.

☉♈ ☽♎ *Sonne im Widder, Mond in der Waage*

Bei dieser Vollmondstellung geht es um ein Gleichgewicht zwischen »männlich« vorwärtsdrängenden Kräften und »weiblich« verbindenden Energien. Kunst und Ästhetik, Partnerschaft und Gesellschaft bieten das Parkett, auf dem sich dieses Gleichgewicht bewähren muß.

☉♈ ☽♏ *Sonne im Widder, Mond im Skorpion*

Physische Kraft und emotionale Leidenschaft führen oft zu Erregungszuständen. Die Einsatzbereitschaft ist groß, aber manchmal auch entweder »revolutionär« gestimmt oder dogmatisch gepolt. Mediale Fähigkeiten sollten nur mit allergrößter Vorsicht angewandt werden, um sich der Versuchung zum Mißbrauch gar nicht erst auszusetzen.

☉♈ ☽♐ *Sonne im Widder, Mond im Schützen*

Ein optimistisches, sympathisches Wesen, das sich leicht inspirieren läßt und auch andere zu begeistern versteht. Direktheit, Großzügigkeit und Humanismus einerseits, Hastigkeit und ungeprüfter Enthusiasmus andererseits. Mehr Energie als Durchhaltekraft.

☉♈ ☽♑ *Sonne im Widder, Mond im Steinbock*

Ehrgeiz, etwas zu leisten und etwas zu gelten. Eine natürliche Fähigkeit, auf vielerlei Wegen und mit unterschiedlichen Mitteln populär zu werden und zu bleiben. Das Gemüt spürt sozusagen im Schlaf, was andere Menschen bewegt. Das Selbstwertgefühl muß auf eine stabile innere, spirituelle Basis gestellt werden.

☉♈ ☽♒ *Sonne im Widder, Mond im Wassermann*

Ein origineller und auch eigenwilliger Geist mit einer grundlegend positiven Lebenseinstellung. Vorstellungskraft, Intuition sowie das Bedürfnis nach Unabhängigkeit sind ausgeprägt. Eine »gute« Stellung für Angelegenheiten rund um Gemeinschaften, öffentliche Stellen und Behörden sowie Freunde und Bekannte.

☉♈ ☽♓ *Sonne im Widder, Mond in den Fischen*

Anlage zur mitmenschlichen Güte, Neigung zur Beschäftigung mit den wesentlichen Themen des Lebens – religiösen, humanistischen, esoterischen und spirituellen. Eine Lebensaufgabe besteht darin, die individuell richtige Balance zwischen Außen und Innen, Impulsivität und Einfühlung zu finden.

SONNE IM STIER

☉♉ ☽♈ *Sonne im Stier, Mond im Widder*

Eine impulsive, dabei gleichzeitig beharrliche Persönlichkeit, die sich durchzusetzen weiß. Diese Menschen verfügen über große Kraftreserven und erwarten von sich sowie von anderen viel. Konstruktiv und verantwortungsbewußt, dabei unabhängig und manchmal recht eigenwillig. Ziemlich erfolgreich, vor allem dann, wenn es auf die Willenskraft ankommt.

☉♉ ☽♉ *Sonne im Stier, Mond im Stier*

Ausgeglichene, freundliche Menschen mit guten Anlagen für Musik und Kunst. Sie besitzen gute Selbstbeherrschung und sind von ihrem einmal eingeschlagenen Weg nur schwer abzubringen. Oft reserviert, jedoch selbstbewußt. Sie können ohne allzu große Anstrengungen außerordentlichen materiellen Erfolg erlangen. Ein Hindernis für sie kann Langsamkeit und Sturheit sein.

☉♉ ☽♊ *Sonne im Stier, Mond in den Zwillingen*

Gut entwickeltes Selbstwertgefühl, beweglicher Ausdruck in Sprache und Schrift, Vorliebe für schöne, ästhetische Dinge und Situationen. In Gefühlsangelegenheiten tendieren diese Menschen leicht zur Oberflächlichkeit oder zur Ruhelosigkeit.

☉♉ ☽♋ *Sonne im Stier, Mond im Krebs*

Das Gefühlsleben wird für diese Menschen manche Aufregungen, nicht selten »unnötige«, bringen. Sie leben stark aus Ihrer Vorstellungskraft heraus, die eben manchmal auch in die Irre führt. Sie neigen dazu, sich materielle und emotionale Sicherheiten zu schaffen, und machen sich dennoch Sorgen um die Zukunft.

☉♉ ☽♌ *Sonne im Stier, Mond im Löwen*

Mit ihren Meinungen und Urteilen halten diese Menschen nicht zurück. Sie setzen sich selbst »in Szene« und agieren vom Fundament eines starken Selbstbewußtseins aus. Diese Menschen sind meist sehr beliebt und zugleich beneidet. Vorsicht vor Exzessen, sei es beim Essen und Trinken oder bei Spekulationen.

☉♉ ☽♍ *Sonne im Stier, Mond in der Jungfrau*

Genauigkeit und Geschäftssinn sowie ein kritisches Bewußtsein zeichnet diese Menschen aus. Sie arbeiten am besten nach einem Plan. Sie sind gewissenhaft, anpassungsfähig und zielorientiert.

☉♉ ☽♎ *Sonne im Stier, Mond in der Waage*

Diese Menschen verstehen es, sich an den schönen Seiten des Lebens zu erfreuen. Sie können Wohlbefinden und Komfort, Luxus und Liebe unbeschwert genießen. Sie sollten dabei nicht die bleibenden Werte im Leben übersehen.

☉♉ ☽♏ *Sonne im Stier, Mond im Skorpion*

Starke Emotionen, leidenschaftliche Situationen, dramatische Ereignisse bewegen Ihr Gefühlsleben, und doch sehnt sich etwas tief in Ihnen nach Ruhe, Behaglichkeit und der Sicherheit, die Sitte und Tradition vermitteln können.

☉♉ ☽♐ *Sonne im Stier, Mond im Schützen*

Sie lassen sich nichts von anderen Menschen vorschreiben oder einreden, sondern bemühen sich um unabhängige Wertmaßstäbe und Urteile. Dabei neigen Sie manchmal zur Impulsivität. Sie sind großzügig und streben nach höheren Idealen.

☉♉ ☽♑ *Sonne im Stier, Mond im Steinbock*

Sie sind praktisch veranlagt, Ihre Ziele und Pläne sind realistisch angelegt und Sie haben die Kraft, sie zu verwirklichen. Sie können sowohl große Vermögenswerte erwerben als auch hohe öffentliche Anerkennung durch eine besondere Tätigkeit erlangen.

☉♉ ☽♒ *Sonne im Stier, Mond im Wassermann*

Ehrlichkeit im Umgang mit anderen Menschen, intellektuelle Redlichkeit gegenüber sich selbst, unabhängige Meinungsbildung in bezug auf humanitäre und spirituelle Ideen zeichnet Sie aus. Sie können gut in gemeinnützigen Unternehmungen arbeiten oder etwas für die Fortentwicklung der Menschheit erfinden oder bewegen.

☉♉ ☽♓ *Sonne im Stier, Mond in den Fischen*

Gesellschaftlich werden Sie mehr Anerkennung finden als im Bemühen um beruflichen Erfolg. Sie sind gastfreundlich, anpassungsbereit und zeigen sich meist von der freundlichsten Seite. Das verführt weniger wohlmeinende Menschen bisweilen dazu, Sie auszunutzen. Ihre Gegenwart wird allseits als Gewinn betrachtet.

Sonne in den Zwillingen

☉♊ ☽♈ *Sonne in den Zwillingen, Mond im Widder*

Ehrgeiz und Mut, starker Eigenwille und Hang zur mangelhaften Gefühlsbeherrschung sind Merkmale dieser Menschen. Sie sind mental rege, experimentierfreudig, leben stark in der Gedankenwelt. Sorgfalt und Ruhe sowie Sympathie und Gefühl kommen leicht zu kurz.

☉♊ ☽♉ *Sonne in den Zwillingen, Mond im Stier*

Sie sind sensibel und intuitiv, kommunikativ und energisch. Sie können gut planen und organisieren und bleiben gefühlsmäßig bei einer Sache, bis sie geschafft oder erledigt ist. Diese Menschen erfreuen sich allgemeiner Beliebtheit.

☉♊ ☽♊ *Sonne in den Zwillingen, Mond in den Zwillingen*

Sie neigen dazu, das Leben vorwiegend intellektuell zu betrachten und zu bewerten. Sie fühlen sich unabhängig in Ihrem

Denken und verstehen es, sich selbst auszudrücken, ohne ein Blatt vor den Mund zu nehmen. Jedoch ist ein Zug zur Rastlosigkeit nicht zu übersehen.

☉♊ ☽♋ *Sonne in den Zwillingen, Mond im Krebs*

Sie möchten am liebsten gleichzeitig viel erleben und sich im Gefühlsleben irgendwo sicher zuhause wissen. Sie kümmern sich gern um das Wohlergehen anderer Menschen, machen sich dabei aber oft zu viele Sorgen. Sie verfügen über ein gutes Gedächtnis und ein intuitives, sensibles Denken.

☉♊ ☽♌ *Sonne in den Zwillingen, Mond im Löwen*

Sie schenken Zuneigung gern und häufig und nicht immer bedacht. Ihr sonniges Gemüt läßt sich leicht inspirieren. Ihre Auffassungsgabe ist gut, Sie stellen sich gern dar und fühlen intensiv. Sie stellen sich manches lieber vor, als sich der Mühe zu unterziehen, es auch geduldig auszuführen.

☉♊ ☽♍ *Sonne in den Zwillingen, Mond in der Jungfrau*

Interesse an Gesundheitsfragen, Bereitschaft, der Menschheit oder einzelnen zu dienen, Offenheit für Wissensgebiete, die dem wissenschaftlichen Fortschritt oder der humanitären Entwicklung dienen. Neigung zu Mißtrauen und Melancholie. Im Urteil frei und abhängig, praktisch »objektiv«.

☉♊ ☽♎ *Sonne in den Zwillingen, Mond in der Waage*

Anpassungsfähigkeit, die Gabe, vorauszudenken, künstlerische Talente, Harmoniestreben sind typische Merkmale dieser Sonne-Mond-Kombination. Diese Menschen sind beliebt, weil sie fröhlich, sozial und umgänglich sind.

☉♊ ☽♏ *Sonne in den Zwillingen, Mond im Skorpion*

Ein kritischer Mensch, der im Überschwang seiner Überzeugungen auch solche Strukturen einzureißen bereit ist, die er aus eigener Kraft gar nicht wieder neu und anders aufbauen könnte. Praktischer Geschäftssinn und Organisationstalent. Vorsicht vor Sarkasmus.

☉♊ ☽♐ *Sonne in den Zwillingen, Mond im Schützen*

Eine Kombination sehr aktiver, ruhelos vorwärtsdrängender Energien. Man reist viel und gern und versucht, geographische und geistige Grenzen zu überschreiten und neue Ideale ausfindig zu machen. Begeisterung ist die eine, Aufregung die andere Seite dieses Lebens. Reformerische und religiös-philosophische Interessen sowie ein akzentuiertes Freiheitsbedürfnis.

☉♊ ☽♑ *Sonne in den Zwillingen, Mond im Steinbock*

Gute mentale Fähigkeiten verbinden sich mit Zuverlässigkeit und Beständigkeit. Allerdings gibt es hier eine Spannung zwischen einem schnell zur Aktion oder Kommunikation bereiten Verstand und eher bedächtig agierenden Gefühlen. Gute Grundlage für finanzielle Erfolge.

☉♊ ☽♒ *Sonne in den Zwillingen, Mond im Wassermann*

Lebhafte intellektuelle, emotionale und physische Aktivität. Offenes Gemüt, das Anregungen von anderen Menschen oder aus den Dimensionen der Intuition gern annimmt. Sie schließen rasch Bekanntschaft mit neuen Personen, bewahren aber Ihre Unabhängigkeit. Neigung zu Metaphysik und Esoterik.

☉♊ ☽♓ *Sonne in den Zwillingen, Mond in den Fischen*

Sehnsucht nach innerem Wissen, das oft auch medial erfaßt werden kann. Heilerische Gaben. Oft ausgefallene Interessen.

Diese Menschen haben Mühe, sich angenommen und »aufgehoben« zu fühlen. Sie müssen die Verbindung mit der Seele immer wieder im Alltag erfahren, um ihr Urvertrauen zu stärken.

Sonne im Krebs

☉♋ ☽♈ *Sonne im Krebs, Mond im Widder*

Eigentlich gefällt es Ihnen am besten dort, wo Sie sich zuhause fühlen: in Ihrer Familie, in vertrauter Umgebung, im angestammten Beruf, in Ihrem Heimatland. Aber immerzu bohrt etwas in Ihnen und lockt oder treibt Sie dazu, hinauszugehen, Pionier zu spielen, Neues auszuprobieren. Sie wollen an vorderster Front stehen und dafür anerkannt werden, jedoch dabei auch nicht allzuviel riskieren.

☉♋ ☽♉ *Sonne im Krebs, Mond im Stier*

Sie sind sensibel und offen für höhere Dimensionen, vermutlich sogar medial veranlagt. Sie verfügen über viel Energie, die Sie aktiv, praktisch und gezielt einsetzen können. Sie tendieren dazu, aus Bequemlichkeit oder einem Sicherheitsbedürfnis heraus, sich eine Routine im Alltag zu schaffen, von der Sie nicht leicht abweichen.

☉♋ ☽♊ *Sonne im Krebs, Mond in den Zwillingen*

Interesse an neuem Wissen und an Bildung und Kultur allgemein. Reisefreudig, wenig geduldig bzw. manchmal launenhaft. Sie haben Erfolg im Zusammenhang mit Familie und Verwandten. Künstlerische Gaben.

☉♋ ☽♋ *Sonne im Krebs, Mond im Krebs*

Ausgeprägte Vorstellungskraft bis hin zur Träumerei. Hang zur Sentimentalität und allzu großen Beeinflußbarkeit. Starke, positive Einflüsse der Eltern in jüngeren Jahren; oft Erbe. Sinn für den Erwerb von Besitz, vor allem Immobilien.

☉♋ ☽♌ *Sonne im Krebs, Mond im Löwen*

Sehnsucht nach starken Gefühlen, Neigung zu Leidenschaften, die als dramatisch erlebt werden; oft ein ruheloses Herz, dabei fähig, viel Liebe zu schenken und zu fordern. Gute Vitalität und allgemein erfolgreich.

☉♋ ☽♍ *Sonne im Krebs, Mond in der Jungfrau*

Das sind empfindsame und zurückhaltende Menschen, die auch passiv wirken können. In Gefühlsangelegenheiten sind sie nüchtern oder schüchtern. Angenehm im Umgang und anpassungsbereit, daher gern gesehene Mitarbeiter in Arbeitsformen, wo viele Menschen wirken.

☉♋ ☽♎ *Sonne im Krebs, Mond in der Waage*

Wacher Geist und sensibles Gemüt, dem Schönen zugewandt. Diese Kombination von Sonne und Mond weist auf die Wertschätzung von Idealen hin, auf Ausgeglichenheit und die Bemühung um eine harmonische Lebensführung. Orts- und Berufswechsel.

☉♋ ☽♏ *Sonne im Krebs, Mond im Skorpion*

Attraktive Persönlichkeit mit magnetischer Ausstrahlung auf das andere Geschlecht. Sehr einfühlsam, aber manipuliert auch gern. Hang zum Übersinnlichen und zur Magie. Die eher gefühlvoll schwankende Krebssonne wird durch den Skorpionmond gefestigt, der Mensch verfolgt konkrete Ziele und Absichten, wenn auch oft auf verborgenen oder verschlungenen Wegen.

☉♋ ☽♐ *Sonne im Krebs, Mond im Schützen*

Die emotionale und religiöse Seite des Horoskopinhabers wird gestärkt, der gleichzeitig vorhandene Wunsch nach Ruhe gerät leicht »unter die Räder«. Diese Menschen suchen nach dem anscheinend Unerreichbaren. Sie erledigen Dinge schnell, reisen gern und sprechen mit Vorliebe über weit entfernte Horizonte.

☉♋ ☽♑ *Sonne im Krebs, Mond im Steinbock*

Sie sammeln gern praktische Werte an und widmen sich mit Vorliebe konkreten, »realen« Beschäftigungen. Familie und Tradition spielen – gewollt oder ungewollt – eine große Rolle für den eigenen Lebensstil. Ehrgeiz und Durchsetzungskraft überwinden die vielen kleineren und größeren Hindernisse.

☉♋ ☽♒ *Sonne im Krebs, Mond im Wassermann*

Diese Menschen eignen sich besonders für eine Tätigkeit in größeren Gruppen und Zusammenschlüssen, in denen es darauf ankommt, viele unterschiedliche Interessen sinnvoll und harmonisch zusammenzuführen. Sie sind ruhig und bedacht, intuitiv (ohne anderen das zu offenbaren) und offen für überpersönliche Aspekte des Lebens.

☉♋ ☽♓ *Sonne im Krebs, Mond in den Fischen*

Das Gemüt ist sehr empfänglich für Impulse, Eindrücke und Einflüsse, die Phantasie ist lebendig. Diese Menschen sind voller Mitgefühl, sie sollten sich davor hüten, ausgenutzt zu werden. Man fühlt sich wohler im vertrauten Kreise als in der Öffentlichkeit. Mediale Fähigkeiten, spirituelle Interessen.

Sonne im Löwen

☉♌ ☽♈ *Sonne im Löwen, Mond im Widder*

Zwei feurige Energien treffen hier aufeinander – da heißt es aufzupassen, daß Sie nicht immer wieder voller Begeisterung übereilt handeln und hinterher selbst am meisten unter den Folgen zu leiden haben. Mit dem »Kopf durch die Wand« erreichen Sie weniger, als wenn Sie sich zügeln und Ihre Wünsche und Kräfte überlegt einsetzen.

☉♌ ☽♉ *Sonne im Löwen, Mond im Stier*

Sie sind sehr fest in Ihren Ansichten und wenden Ihren Blick auf die praktischen Seiten des Lebens. Sie verfügen über eine gute Intuition, die Sie auch beruflich nutzen können. Ihre Konstitution ist stark. Handfesten Genüssen des Lebens gehen Sie nicht aus dem Weg. Sie versprühen Charme und haben vielleicht sogar Charisma.

☉♌ ☽♊ *Sonne im Löwen, Mond in den Zwillingen*

Reichlich Energie paart sich mit Tätigkeitsdrang, so daß oft Beschränkung nottut. Sie sind begabt und geistig beweglich, begeisterungsfähig und liebenswürdig. Manche Ihrer Anlagen in der Musik, im Schauspiel, in der Dichtung oder andere geistige Interessen können Sie zu außerordentlicher Meisterschaft entwickeln.

☉♌ ☽♋ *Sonne im Löwen, Mond im Krebs*

Sie lieben tief und leidenschaftlich und leiden womöglich unter Ihren eigenen Gefühlen. Kopf und Herz gehen jedoch »Hand in Hand«, Sie verbinden Verstand und Gefühle auf eine integre Weise. Auf ein schönes und repräsentatives Heim legen Sie viel Wert. Sie haben gute Anlagen, auch materielles Glück zu finden.

☉♌ ☽♌ *Sonne im Löwen, Mond im Löwen*

Unabhängig, stolz, vielleicht sogar egozentrisch, aber gleichzeitig gutmütig, großzügig und warmherzig – das sind Attribute dieser Kombination. Sie sind vital und haben reichliche Kraftreserven; Sie setzen sich in größerem Maßstab ein und wirken auch gern in der Öffentlichkeit. Neumondkonstellation, also eventuell Überschattung des Gefühls durch den Eigenwillen.

☉♌ ☽♍ *Sonne im Löwen, Mond in der Jungfrau*

Von sich selbst überzeugte, kritische Menschen, die nicht leicht zufriedenzustellen sind. Hohe Ideale, gute berufliche Eignungen, Gespür für finanzielle Vorteile. Interessiert an Fragen der Gesundheit, Wissenschaft, Literatur.

☉♌ ☽♎ *Sonne im Löwen, Mond in der Waage*

Ausgeprägtes Mitgefühl und humanitäre Bestrebungen, sozialer Einsatz. Bereitschaft und Fähigkeit, herzliche und harmonische Partnerschaften zu pflegen. Liebe zur Kunst in allen Formen. Hellsichtigkeit bzw. Präkognition.

☉♌ ☽♏ *Sonne im Löwen, Mond im Skorpion*

Sinnlichkeit, (Sex-)Appeal, intensiv gelebte Liebschaften. Was sich diese Menschen in den Kopf setzen, führen sie auch durch. Sie werden von anderen häufig als stolz oder gar arrogant beurteilt, sehen sich selbst jedoch eher als unabhängig an. Heilerische Fähigkeiten.

☉♌ ☽♐ *Sonne im Löwen, Mond im Schützen*

Viel Lebenskraft, aktive Anteilnahme und enthusiastische Lebensfreude. Überzeugungen führen auch zu Extremen, in Fragen der Religion und des Herzens. Sportliche, manchmal auch abenteuerliche Unternehmungen sowie soziale und spirituelle Ziele sprechen diese Menschen besonders an. Sie genießen Natur und Reisen.

☉♌ ☽♑ *Sonne im Löwen, Mond im Steinbock*

Nach außen hin wirken diese Menschen sehr materiell eingestellt, sie verfolgen Karrierepläne, finanzielle Ziele und gesellschaftliche Ambitionen hartnäckig und meist erfolgreich. Das Herz ist jedoch oft gar nicht dabei, sondern sehnt sich nach mehr Innerlichkeit. Gute Manager oder Politiker.

☉♌ ☽♒ *Sonne im Löwen, Mond im Wassermann*

Das ist eine Vollmondkonstellation. Damit können beide Lichter ihren vollen Glanz entfalten – oder sich gegenseitig in ihren Wirkungen behindern. Gutes Einfühlungsvermögen und rasches, sicheres Urteil. Willenskraft und Zielstrebigkeit, man verläßt sich vor allem auf sich selbst.

☉♌ ☽♓ *Sonne im Löwen, Mond in den Fischen*

Verstand und Gefühl sind schwierig in Übereinstimmung zu bringen. Eine Lebensaufgabe für den Horoskopinhaber wird darin bestehen, die sensiblen Seiten des Gemüts – Phantasie, Vorstellungsgabe, Inspiration – mit den Kräften der Vernunft harmonisch zu verbinden. Aktive Großzügigkeit und Wohltätigkeit.

Sonne in der Jungfrau

☉♍ ☽♈ *Sonne in der Jungfrau, Mond im Widder*

Von der Grundanlage her sind diese Menschen bedacht und umsichtig. Dennoch drängt es sie immer wieder, ihren Gefühlen freien Lauf zu lassen, sich in neue, auch abenteuerliche Begegnungen und Situationen zu stürzen. Dann kommt es oft zu einer Ernüchterung oder »Ent-Täuschung«, wenn der Kopf die Oberhand zurückgewinnt.

☉♍ ☽♉ *Sonne in der Jungfrau, Mond im Stier*

Sie haben Sinn für materielle Werte, Sie verstehen es, Vorteile klug zu nutzen. Dabei verhalten Sie sich recht reserviert und versuchen, gelegentliche »Gefühlsgelüste« mit dem Verstand zu zügeln. Sie sind praktisch veranlagt und lassen sich kein X für ein U vormachen. Sie kommen mit Methode zum Erfolg.

☉♍ ☽♊ *Sonne in der Jungfrau, Mond in den Zwillingen*

Auffassungsgabe und Intellekt sowie Kommunikationsfähigkeit in Sprache und Schrift sind gut entwickelt. Sie forschen gern und sind für alles Wissenswerte aufgeschlossen. Eine Lebensaufgabe besteht darin zu lernen, sichere Entscheidungen zu treffen, zu denen Sie dann auch stehen.

☉♍ ☽♋ *Sonne in der Jungfrau, Mond im Krebs*

Sensibel, einsatzfreudig, arbeitswillig, konservativ. Aktive Anteilnahme an Familienangelegenheiten. Oft zu empfindlich oder besorgt. Sie haben keinen Anlaß, ängstlich zu sein und sich so häufig Sorgen zu machen, wenn Sie sich auf Ihre eigenen Fähigkeiten zum Urteil über Motive und lohnenswerte Pläne besinnen.

☉♍ ☽♌ *Sonne in der Jungfrau, Mond im Löwen*

Sie sind stolz auf Ihre Erfolge und Errungenschaften und begehren mehr. In der Liebe sind Sie gefühlvoll, aber mit einem guten »Appetit« gesegnet. Diese Kombination von Sonne und Mond besänftigt die überkritische Tendenz der Jungfrau und stimuliert eine herzliche, teilnahmsvolle, mitunter auch mediale Seite im Menschen.

☉♍ ☽♍ *Sonne in der Jungfrau, Mond in der Jungfrau*

Klarheit des Geistes, durch Ideale geprägte Gefühle, Mütterlichkeit im Sinne der unsentimentalen Sorge für anvertraute Menschen kennzeichnen diese Stellung von Sonne und Mond. Unabhängigkeit, Selbstvertrauen, Vorausschau, Genauigkeit im Detail sind »gute« Aspekte, scheinbare emotionale Unnahbarkeit und Überkorrektheit machen eher Schwierigkeiten.

☉♍ ☽♎ *Sonne in der Jungfrau, Mond in der Waage*

Eine ruhige Zielstrebigkeit und Eigenständigkeit des Willens verbindet sich hier mit Hoffnungen, die man in Partnerschaften setzt. Man sucht nach Erfüllung der Gefühle und wirkt gleichzeitig oft gehemmt durch kluge Überlegungen, die man sich selbst »verordnet« hat. In diesem Fall hilft loszulassen und sich am Leben zu erfreuen.

☉♍ ☽♏ *Sonne in der Jungfrau, Mond im Skorpion*

Hier brechen sich die Gefühle – anders als bei Mond in der Waage – schon ganz von selbst ihre Bahn gegen allzugroße Beschränkungen durch den Verstand. Sie verstehen es, im Alltag nach den Prinzipien des praktischen Nutzens vorzugehen und sich doch eine Oase der Leidenschaftlichkeit zu bewahren.

☉♍ ☽♐ *Sonne in der Jungfrau, Mond im Schützen*

In Ihren Wünschen und Gefühlen bestehen Sie darauf, frei zu bleiben und akzeptieren keine Beschränkungen. Sie fühlen zwar nicht mit anderen, sondern denken gern für sie mit. Außerdem können oder wollen Sie anderen gern etwas beibringen.

☉♍ ☽♑ *Sonne in der Jungfrau, Mond im Steinbock*

Überlegtheit im Berufs- und Geschäftsleben, klarer Blick für Vorteile, konkrete Werte, Aufstieg, Karriere. Es sind große finanzielle Erfolge möglich. Autorität, die in Behörden und Ämtern, in Wirtschaft und Politik genutzt werden kann und Anerkennung findet.

☉♍ ☽♒ *Sonne in der Jungfrau, Mond im Wassermann*

Ein origineller Mensch mit eigenständigem Denken und Fühlen, gut entwickelter Unterscheidungsfähigkeit, erfinderisch, offen für neue Ideen und Inspirationen, unkonventionell. Dabei wird der Umgang auf eher wenige Menschen beschränkt, man öffnet sein Herz gegenüber »Fremden« nicht so leicht.

☉♍ ☽♓ *Sonne in der Jungfrau, Mond in den Fischen*

Okkulte und spirituelle Interessen, mediale Empfänglichkeit und Neigung zur Meditation. Sie tendieren dazu, im Überschwang der Gefühle mehr zu versprechen, als Sie dann auch halten können. Sie lieben Abwechslung und Neuigkeiten, was Sie allerdings auch etwas unruhig werden läßt.

SONNE IN DER WAAGE

☉♎ ☽♈ *Sonne in der Waage, Mond im Widder*

Das Bedürfnis nach Harmonie, vor allem in der Partnerschaft, das Verlangen nach Lebensgenuß und ästhetischer Umgebung wird von impulsiven Gefühlsreaktionen immer wieder durchkreuzt. Man zieht leicht Partner – private und berufliche – an, die sehr energisch und eigenwillig sind.

☉♎ ☽♉ *Sonne in der Waage, Mond im Stier*

Beide Tierkreiszeichen werden vom Planeten Venus »regiert«, deshalb können wir bei dieser Konstellation davon ausgehen, daß die realen und die verfeinerten Freuden des Lebens eine wichtige Rolle spielen. Man sucht und findet Genuß für Körper und Sinne, durch Liebe, Essen und Trinken sowie künstlerische Neigungen. Die Frage nach bleibenden Werten wird in der zweiten Lebenshälfte besonders wichtig.

☉♎ ☽♊ *Sonne in der Waage, Mond in den Zwillingen*

Ein ästhetisch gesonnener, eher in sich ruhender Geist verbindet sich mit luftig-bewegten Gefühlen, die Abwechslung suchen. Wache Wahrnehmung, gute intellektuelle Gaben, auch zum kreativen Ausdruck. In der Partnerschaft gilt sprühender Charme mehr als Beständigkeit.

☉♎ ☽♋ *Sonne in der Waage, Mond im Krebs*

Sensitive Naturen, die bisweilen überempfindlich bis launisch sind. Gefühle spielen eine wichtige Rolle, vor allem im Rahmen einer harmonischen Familie. Neigung zu Musik und kreativen Ausdrucksformen, die harmonisch fließen.

☉♎ ☽♌ *Sonne in der Waage, Mond im Löwen*

Intensive Gefühle und idealistische Lebenseinstellung kennzeichnen diese Kombination von Sonne und Mond. Diese Menschen sind beliebt, weil sie selbst auf harmonische Weise liebevoll sind. Damit sind sie einerseits manchmal in Gefahr, ausgenutzt zu werden, andererseits reagieren sie selbst auch leicht eifersüchtig.

☉♎ ☽♍ *Sonne in der Waage, Mond in der Jungfrau*

Sie sind sensibel und wach zugleich, Sie haben Ihre Sinne »beieinander« und sind an den praktischen Seiten des Lebens interessiert. In geschäftlichen Dingen verfügen Sie über eine gute Intuition. Manchmal mangelt es Ihnen an Willenskraft.

☉♎ ☽♎ *Sonne in der Waage, Mond in der Waage*

Sie haben lebhafte Träume, vielleicht sogar die Kraft der Visionen. Humanitäre und karitative Anliegen finden Ihre Unterstützung. Viel hängt für Sie von privaten oder beruflichen Partnern ab, denen Sie jedoch mehr Einfluß auf Ihre Lebensführung und Erfüllung einräumen, als Ihnen selbst recht ist.

☉♎ ☽♏ *Sonne in der Waage, Mond im Skorpion*

Sie verstehen es, Ihren brennenden Ehrgeiz so gefällig und harmonisch zu »verpacken«, daß Sie damit nicht allzu sehr »anecken«. Nach außen hin scheinen Sie aktiv, positiv und auf konkrete Ergebnisse ausgerichtet; wenn man Sie näher kennenlernt, entdeckt man Ihre weicheren und auch mitunter unsichereren Seiten.

☉♎ ☽♐ *Sonne in der Waage, Mond im Schützen*

Diese Menschen sind höchst aktiv, immer »auf Achse«, anregend und selbst oft aufgeregt sowie zu allen möglichen Abenteuern und unbedachten oder sogar rücksichtslosen Unternehmungen aufgelegt. Fähigkeit zum öffentlichkeitswirksamen Ausdruck, als Politiker oder Prediger.

☉♎ ☽♑ *Sonne in der Waage, Mond im Steinbock*

Ordnung und Methodik liegen diesen Menschen, wenn auch nicht immer äußerlich, so zumindest innerlich. Gefühle und intuitive Einsichten werden eher zurückgehalten als spontan zum Ausdruck gebracht. Dadurch erscheinen diese Menschen manchmal als kühl. Probleme mit den Eltern.

☉♎ ☽♒ *Sonne in der Waage, Mond im Wassermann*

Sie sind zu leitenden Funktionen in Gruppen, Vereinigungen oder Gesellschaften gut geeignet. Sie bringen ein ausgeglichenes Wesen mit, das Harmonie zu schaffen imstande ist, und einen gleichermaßen weltoffenen wie toleranten Geist.

☉♎ ☽♓ *Sonne in der Waage, Mond in den Fischen*

Sie träumen lieber, als sich den praktischen Seiten des Alltags zu widmen. Dennoch sind Sie arbeitsam und verfügen über eine ausreichende Portion Beharrlichkeit. Es ist günstiger für Sie, sich konkreten, irdischen Dingen zu widmen, als sich in esoterisch-okkulten Bereichen zu verlieren.

Sonne in Skorpion

☉♏ ☽♈ *Sonne im Skorpion, Mond im Widder*

Begeisterungsfähigkeit und Einsatzfreude liegen dicht neben Sturheit und heftigen Gefühlsausbrüchen. Mut, Entschlußkraft und Charakterfestigkeit sind Stärken; Ungeduld und Mangel an Demut die Schwächen. Diese Menschen neigen leicht dazu, sich zu überarbeiten.

☉♏ ☽♉ *Sonne im Skorpion, Mond im Stier*

Besonders in Partnerschaften gute geschäftliche bzw. berufliche Erfolge. Eignung für medizinische Berufe, sowohl in der

Diagnose wie in der Therapie. Neigt zu konservativer Beibehaltung einmal akzeptierter Traditionen und Verhaltensmuster.

☉♏ ☽♊ *Sonne im Skorpion, Mond in den Zwillingen*

Solche Menschen sind lebhaft, vielseitig interessiert, gewitzt und »clever«. Geeignet als Reszensenten bzw. Kritiker, denn sie verstehen es, sich pointiert auszudrücken, und haben zu allem eine Meinung. Auch gute organisatorische Fähigkeiten und wissenschaftliche Talente.

☉♏ ☽♋ *Sonne im Skorpion, Mond im Krebs*

Sie sind emotional offen für plötzliche Impulse und lassen sich in Ihrem Gefühlsleben oft durch Reaktionen anderer Menschen bestimmen, nicht immer zu Ihren Gunsten. Sie können treu sein und sich mit einem Partner tief verbinden. Erbe oder Erwerb von Besitz. Übersinnliche Eingebungen.

☉♏ ☽♌ *Sonne im Skorpion, Mond im Löwen*

Eine rege Phantasie ist gekoppelt an eine reiche Welt der Wünsche. Das führt Sie zu einem bewegten, teils auch hektischen Leben, in dem es immer wieder emotionale Überraschungen gibt. Sie eignen sich für die Bühne.

☉♏ ☽♍ *Sonne im Skorpion, Mond in der Jungfrau*

Ihre kritische Ader sollte Sie nicht dazu verleiten, in Ihren Urteilen über die Umwelt zu bitter oder gar sarkastisch zu werden. Aber schonen Sie sich selbst bitte auch, denn es ist unrealistisch, daß Sie immer nur 100 Prozent von sich erwarten! Sie finden wahre Freunde unter den Menschen, die gesellschaftlich »unter« Ihnen stehen.

☉♏ ☽♎ *Sonne im Skorpion, Mond in der Waage*

Sie möchten sich selbst verwirklichen und setzen doch häufig zuviel Hoffnung in den Partner und seinen Beitrag zu Ihrem Glück. Sie lieben die Romantik und Ideale, das Geheimnis und Metaphysik. Vielleicht besitzen Sie sogar das »zweite Gesicht«.

☉♏ ☽♏ *Sonne im Skorpion, Mond im Skorpion*

Sie neigen dazu, andere zu dominieren, sie zu »überfahren« oder sie zumindest nach Ihren Ansichten zu dirigieren. Dabei behalten Sie viel für sich und »arbeiten« mit geheimem Wissen. Allgemein starke Persönlichkeitskräfte und Durchsetzungswillen.

☉♏ ☽♐ *Sonne im Skorpion, Mond im Schützen*

Sie tragen Ihr Herz auf der Zunge, was häufig indiskret wirkt oder andere vor den Kopf stößt. Trotz guter Vitalität haben Sie einen Hang, sich zu extrem für Ihre Ideen einzusetzen und erschöpfen sich zu schnell. Religion und Esoterik, Tradition und Fortschritt versuchen Sie miteinander zu verknüpfen.

☉♏ ☽♑ *Sonne im Skorpion, Mond im Steinbock*

Ihre Ansichten und Gewohnheiten ändern sich nicht so schnell. Was Sie einmal angenommen haben, wollen Sie nicht gern verändern oder wechseln. Sie haben ein gutes Gespür für Geld- und Besitzfragen, für Investitionen und Gewinnchancen. Ihr Ehrgeiz ist groß; achten Sie darauf, daß er sich nicht nur auf materielle Werte richtet.

☉♏ ☽♒ *Sonne im Skorpion, Mond im Wassermann*

Lebhaftigkeit und Originalität, gleichzeitig auch Nervosität oder Aggressivität gehören zu typischen Zügen dieser Kombination von Sonne und Mond in den Zeichen. Sie machen etwas so, wie Sie wollen, oder lieber gar nicht. Sie sind ein treuer Freund oder ein konsequenter Gegner.

☉♏ ☽♓ *Sonne im Skorpion, Mond in den Fischen*

Suchtgefahren, ob in bezug auf Alkohol, Tabak oder (medizinische oder psychedelische) Drogen oder im Hinblick auf psychologische Süchte wie okkulter Träumerei oder magischer Spielchen. Wenn Sie diese Tendenz im Griff haben, ist Empfindsamkeit und Empfänglichkeit eine außerordentliche Hilfe, um sich höhere spirituelle Dimensionen zu erschließen.

SONNE IM SCHÜTZEN

☉♐ ☽♈ *Sonne im Schützen, Mond im Widder*

Schon beim kleinsten Anlaß sausen diese Menschen los oder brausen auf, sie sind meist an vorderster Front zu finden. Leidenschaften werden ungern gezügelt, sondern am liebsten freiweg ausgelebt. Das führt natürlich zu »Ent-Täuschungen« aller Art. Dabei sind diese Menschen großzügig und besitzen Weitblick, aber auch einen unbändigen Freiheitswillen.

☉♐ ☽♉ *Sonne im Schützen, Mond im Stier*

Sie sind warmherzig und einfühlsam, mit einer guten Vorstellungsgabe und Talenten im Bereich von Kunst und Musik gesegnet. Sie sind zuverlässig und entwickeln oft so etwas wie einen »sechsten Sinn« für zukünftige Ereignisse. Das kann Ihnen auch in materieller Hinsicht helfen.

☉♐ ☽♊ *Sonne im Schützen, Mond in den Zwillingen*

Sie suchen Stimulans durch Partner, deren Charme und Witz, Vielseitigkeit und Lebendigkeit Sie fasziniert. Oder Sie stellen sich selbst Ihren Partnern gegenüber so dar. Freiheit, Beständigkeit, Unabhängigkeit und Treue werden zu wichtigen Lebensthemen.

☉♐ ☽♋ *Sonne im Schützen, Mond im Krebs*

Das Feuer- und das Wasserelement treffen sich hier und dann »zischt« es natürlich. Echte Intuition und bedeutsame Träume liegen dicht neben gefühlhaften Wunschvorstellungen, die für wahr gehalten werden könnten. Gute Familienverhältnisse.

☉♐ ☽♌ *Sonne im Schützen, Mond im Löwen*

Hier finden sich Menschen, denen die eigene Großartigkeit leicht zu Kopfe steigt. Sie sind voller begeisterter Lebensfreude und der Überzeugung, daß sie selbst am besten wissen, »wo es lang geht«, allerdings nicht nur für sich selbst, sondern auch für andere. Das finden »die anderen« selten angebracht. Eine Lebensaufgabe ist es also, Umwelt und Partnern genügend Raum zur selbständigen Entfaltung zu lassen.

☉♐ ☽♍ *Sonne im Schützen, Mond in der Jungfrau*

Wache Unterscheidungskraft und Talent, mit Sprache umzugehen; intellektuell gut entwickelte Fähigkeiten und ein aktiver Geist. Klar im Denken und manchmal zu direkt im Ausdruck. Sie haben gesunden Menschenverstand, nüchternes Urteil und ein gesichertes Selbstwertgefühl.

☉♐ ☽♎ *Sonne im Schützen, Mond in der Waage*

Großes Selbstvertrauen verbindet sich mit Hingabefähigkeit in einer Partnerschaft und Einfühlungsvermögen in andere Menschen oder den Geschmack der Masse. Gut für Arbeit in den Unterhaltungsmedien, in der Mode oder in der Politik.

☉♐ ☽♏ *Sonne im Schützen, Mond im Skorpion*

Gute Konstitution und körperliche Kraftreserven verleihen diesen Menschen genug Energie, ihre Ziele zielstrebig und ausdauernd zu verfolgen. Die Regenten der beiden Zeichen, Mars und Jupiter, bringen hier ihre vitalen Einflüsse positiv zur Geltung für Kopf und Herz.

☉♐ ☽♐ *Sonne im Schützen, Mond im Schützen*

Freiheitsliebe bis hin zur Rebellion gegen Familie, Tradition, Gesetz oder Religion. Wenn diese Menschen ihre Überzeugungen vertreten, sind sie dabei selbst dogmatisch. Reiselust, Suche nach Idealen und Werten, auch sehr eigenwilligen. Plötzliche Orts- und Berufswechsel.

☉♐ ☽♑ *Sonne im Schützen, Mond im Steinbock*

Ein geschäftiger Wille und Verstand und ein Gemüt, das Freuden konkret, am besten sinnlich, erleben möchte. Musische Neigungen und Gaben; gute Managerqualitäten und Realismus. In philosophischen, religiösen oder ethischen Fragen Hang zu Ordnung und System.

☉♐ ☽♒ *Sonne im Schützen, Mond im Wassermann*

Weit gespannte Interessen, originelle Gedanken und Verständnis für soziale Zusammenhänge. Fähigkeit, in und mit Gruppen gut zu arbeiten bzw. sie zu leiten. Diese Menschen können sich noch an den Wundern des Lebens erfreuen, und sie fühlen sich zu transzendenten Dimensionen der Seele hingezogen.

☉♐ ☽♓ *Sonne im Schützen, Mond in den Fischen*

Die Wünsche sind von Mitgefühl oder sogar Mitleid für die Umwelt getragen, vom Herzen her möchten diese Menschen sich an andere »verströmen«. In der Praxis mangelt es oft jedoch an Initiative, Entschlußkraft und methodischem Vorgehen. Am besten können sie unter kundiger Anleitung arbeiten, was sie meist jedoch gar nicht so gern mögen.

SONNE IM STEINBOCK

☉♑ ☽♈ *Sonne im Steinbock, Mond im Widder*

Ehrgeiz, Pioniergeist, materielle Interessen, Überzeugtheit von sich selbst, Entscheidungsfreude bis hin zur unüberlegten oder übereilten Handlungsweise und ein gerüttelt Maß an Egozentrik sind typische Merkmale dieser Kombination. Diese Menschen können hart arbeiten, brauchen aber bedachte Disziplin bzw. Selbstbeherrschung.

☉♑ ☽♉ *Sonne im Steinbock, Mond im Stier*

Festigkeit in den Überzeugungen, Treue zu sich selbst, Selbstbeherrschung; Fähigkeit, nicht nur für sich, sondern auch für andere Besitz und/oder Werte zu erwerben. Diese Menschen sind besonders praktisch veranlagt. Weiterhin offene, positive Gefühle, Geduld und eine glückliche Hand in finanziellen Angelegenheiten.

☉♑ ☽♊ *Sonne im Steinbock, Mond in den Zwillingen*

Die Standfestigkeit der Steinbocksonne bietet eine gute Grundlage für die vielseitige Kommunikationsfreude des Zwillingemonds. Damit sind solche Menschen als »Boten« unterwegs, die Informationen oder Wissen weitertragen. Sie können selbst auch weit in ein Wissensgebiet eindringen.

☉♑ ☽♋ *Sonne im Steinbock, Mond im Krebs*

Ausgeprägte Wirtschaftsinteressen, oft recht konservativ und auf Sicherung des Erreichten ausgerichtet, mitunter wird aus Sparsamkeit auch Geiz. Chance, auch zu öffentlichen Ämtern aufzusteigen und die Gunst einer relativen Masse zu gewinnen.

☉♑ ☽♌ *Sonne im Steinbock, Mond im Löwen*

Eine wichtige Motivation für Sie ist Aufstieg und Erfolg in Ihrem Beruf oder in Ihrem gesellschaftlichen Rahmen. Ein Bedürfnis, das Ihnen ebenfalls am Herzen liegt, ist mitmenschliche Wärme und echte Zuneigung. So gehört es zu Ihren Lebensaufgaben, zwischen diesen beiden Kräften einen persönlichen Ausgleich zu finden.

☉♑ ☽♍ *Sonne im Steinbock, Mond in der Jungfrau*

Ihr Verstand arbeitet sachlich und ruhig, analytisch und kritisch, wach und klar. Ihre Interessen richten sich auf Gesundheitsfragen, wissenschaftliche Erkenntnisse und Literatur. Sie eigen sich gut für medizinische Berufe, für Ämter mit viel Schriftverkehr oder für den Richterberuf. Einen etwaigen Mangel an eigener Initiativkraft können Sie wettmachen, indem Sie mit anderen, aktiveren Menschen zusammenarbeiten.

☉♑ ☽♎ *Sonne im Steinbock, Mond in der Waage*

Sie wollen und können beliebt und berühmt werden, Ihr Kopf »funktioniert« einfühlsam und Ihre Gefühle sind bedacht. Partnerschaften und Freundschaften können Sie Stabilität und Harmonie verleihen.

☉♑ ☽♏ *Sonne im Steinbock, Mond im Skorpion*

Willensstärke, Entschlußkraft, Durchsetzungsvermögen führen allesamt zum Erfolg. Dabei nicht rücksichtslos zu werden oder ideelle Werte links liegen lassen, ist das Thema.

☉♑ ☽♐ *Sonne im Steinbock, Mond im Schützen*

Forscher, Entdecker, Kirchenführer oder Vereinsleiter erhalten durch diese Kombination unserer beiden Himmelslichter die nötige »erdverbundene Bodenhaftung« und Realismus sowie Begeisterung für neue Ideen und Aktivitäten, die bisherige Grenzen überschreiten.

☉♑ ☽♑ *Sonne im Steinbock, Mond im Steinbock*

Ein nachdenklicher Charakter, mit Hang zur Schwermut. Schon früh werden diese Menschen gefordert, auf eigenen Füßen zu stehen und sich »durchzubeißen«. Damit geraten sie auch leicht in eine Art der Isolation. Sie haben einen gut entwickelten und praktisch orientierten Erwerbssinn und suchen auch in geistigen Fragen nach sehr konkreten, überprüfbaren Antworten.

☉♑ ☽♒ *Sonne im Steinbock, Mond im Wassermann*

Wache Wahrnehmung, beachtliche Intuition, sicheres Urteil und ausgeprägtes Organisationstalent kennzeichnet Menschen mit dieser Kombination. Durch Weitblick, Vorausschau und beharrlichen Einsatz bringen sie es weit.

☉♑ ☽♓ *Sonne im Steinbock, Mond in den Fischen*

Sie haben ein ruhiges Wesen, sind diplomatisch, suchen weder Gesellschaft noch meiden Sie sie. Sie zeigen nach außen nicht, was in Ihnen steckt. Ihre Neigungen gehen zu Tätigkeiten, bei denen Sie Ihr Innenleben entfalten können, zum Beispiel Dichtung, Musik oder Wissenschaft. Sie besitzen mediale Talente, und, noch wichtiger, die Fähigkeit zur gesammelten und gleichzeitig gelassenen Meditation.

Sonne im Wassermann

☉♒ ☽♈ *Sonne im Wassermann, Mond im Widder*

Weltoffenheit und stürmischer Wille, geistige Beweglichkeit und drängende Gefühle. Reisen, abenteuerliche Projekte, Suche nach Neuland, wissenschaftliche Studien sind Bereiche, in denen Sie sich wohlfühlen. Eine Lernaufgabe für Sie liegt darin zu lernen, mit anderen Menschen kooperativ zusammenzuarbeiten.

☉♒ ☽♉ *Sonne im Wassermann, Mond im Stier*

Sie sind ernsthaft, gerecht und zuverlässig. Sie zeichnen sich durch ein in sich ruhendes Wesen aus, das sich in der Praxis des Alltags bewährt, unter welchen wechselnden Umständen das sein mag. Sie gewinnen viel durch Freunde und Bekannte im öffentlichen Leben und können ihrerseits diesen sehr viel geben.

☉♒ ☽♊ *Sonne im Wassermann, Mond in den Zwillingen*

Ihre intellektuellen und mentalen Fähigkeiten sind deutlich ausgeprägt. Sie sind vielseitig interessiert und können sich gut ausdrücken. Ihr Gedächtnis arbeitet hervorragend, und Ihr Denken ist wohl geordnet. Sie sind freundlich und gutmütig, vielleicht ein wenig reserviert, weshalb Sie nur wenige wirkliche Freunde haben.

☉♒ ☽♋ *Sonne im Wassermann, Mond im Krebs*

In Fragen der Häuslichkeit und in Besitzangelegenheiten haben Sie Ihren ganz eigenen Kopf, der sich nicht immer genügend an veränderte Lebensumstände anzupassen bereit oder fähig ist. Ihr Denken ist nicht nur vom Verstand beherrscht, sondern Sie lassen auch Ihren Gefühlen genug Raum. Unter Umständen mediale Erfahrungen.

☉♒ ☽♌ *Sonne im Wassermann, Mond im Löwen*

Intensive Gefühle, gekoppelt mit Besitzansprüchen und leidenschaftlicher Liebe, dabei auf merkwürdige Weise zurückhaltend darin, sein eigenes Herz zu öffnen. Aktiver Verstand, lebendige Phantasie, kreative Vorstellungskraft.

☉♒ ☽♍ *Sonne im Wassermann, Mond in der Jungfrau*

Ordnungsliebe, Genauigkeit, Vorsicht in Denken und Verhalten, ein kritisches Urteil sind typische Attribute dieser Kombination. Das Denken ist bei aller Weite und Offenheit auf praktische Anwendbarkeit gerichtet. Große Wißbegierde, aber manchmal Antriebsschwäche oder mangelnder Mut, Ideen umzusetzen.

☉♒ ☽♎ *Sonne im Wassermann, Mond in der Waage*

Diese Menschen verfügen meist über eine bemerkenswerte Auffassungsgabe, einen intuitiven Geist und die Fähigkeit, Dinge vorauszusehen. Sie hegen eine Vorliebe für eine ästhetische Umgebung und werden ebensolche Partner bzw. Projekte anziehen.

☉♒ ☽♏ *Sonne im Wassermann, Mond im Skorpion*

Obwohl Sie keinen extrem starken Willen besitzen, meinen Sie häufig, sich kämpferisch durchsetzen zu müssen, weil Sie sonst »zu kurz kommen«. Sie erfassen Charakter und Motive anderer

Menschen gut und können damit (zu Ihrem Vorteil) umgehen. Sie können hart und schwer arbeiten und werden damit Erfolg haben.

☉♒ ☽♐ *Sonne im Wassermann, Mond im Schützen*

Sie nehmen kein Blatt vor den Mund und übersehen dabei oft, daß das, was für Sie Wahrheit und Aufrichtigkeit bedeutet, von der Umwelt als brüskes Verhalten oder rücksichtslose Kritik aufgefaßt wird. Sie haben aber beachtliche Talente zur Kommunikation, vor allem in Schriftform. Ihre Interessen sind philanthropisch, sozialreformerisch oder religiös.

☉♒ ☽♑ *Sonne im Wassermann, Mond im Steinbock*

Sie sind ehrgeizig und taktvoll zugleich, zielbewußt und dabei klug. Sie können es zu Großem bringen, oft mit Hilfe von Freunden. Sie sind in Ihren Bestrebungen ernsthaft, geduldig und beharrlich, vielleicht manchmal zu nüchtern. Sie dürfen Ihre Herzenswärme ruhig etwas häufiger leben.

☉♒ ☽♒ *Sonne im Wassermann, Mond im Wassermann*

Erfolge erfahren Sie weniger auf weltlichen Gebieten als in den Reichen des Geistes: im Einsatz für gesellschaftliche Ideale, in Erfindungen oder Entdeckungen, in der spirituellen Intuition und Kontemplation. Das mentale Leben spielt eine größere Rolle als das Gefühlsleben.

☉♒ ☽♓ *Sonne im Wassermann, Mond in den Fischen*

Zum ahnungsvollen Fischemond gesellt sich hier bewußtes Denken, das den Dingen auf den Grund gehen will. Die Welt der Imagination wird damit durch die Welt des Geistes ergänzt. Sie lieben Schönheit und Ästhetik, also die harmonischen Ausdrucksformen der Kunst. Okkulte oder mediale Gaben.

Sonne in den Fischen

☉♓ ☽♈ *Sonne in den Fischen, Mond im Widder*

Die Fischesonne wird durch den Widdermond gestärkt. Selbstvertrauen und Vielseitigkeit bestimmen das Leben. Viele neue Projekte werden aus dem Gefühl heraus eifrig angepackt, meistens aber auch schnell wieder fallengelassen, wenn sie sich alsbald als erfolgreich erweisen. Menschen mit dieser Kombination müssen in diesem Leben lernen, überlegter und geduldiger zu werden.

☉♓ ☽♉ *Sonne in den Fischen, Mond im Stier*

Sensibilität paart sich mit ruhiger Stärke, ein transzendenter Geist mit einem an reellen Werten interessierten Gemüt. Sie sind in Gelddingen bedacht und praktisch orientiert. Sie sind gastfreundlich und selbst gern gesehener Gast, weil Sie ausgeglichen und teilnahmsvoll sind.

☉♓ ☽♊ *Sonne in den Fischen, Mond in den Zwillingen*

Eine karmische Herausforderung für Menschen mit dieser Konstellation besteht darin, sich über ihre wichtigen Ziele und Prioritäten klar zu werden, zu lernen, Entscheidungen zu treffen und einen Hang zur Ruhelosigkeit und nervösen Sorge um dies und jenes abzulegen. Offener Geist, der gern neues Wissen erwirbt.

☉♓ ☽♋ *Sonne in den Fischen, Mond im Krebs*

Eine typisch »mediale Konstellation«, beide Lichter stehen in Wasserzeichen. Das macht Sie zugleich empfänglich und empfindsam, aber auch beeinflußbar. Sie suchen bewußt nach Harmonie im Gefühlsleben – in Familie oder Freundschaft –, Gefühle bedeuten Ihnen viel. Die Mutter spielt eine starke Rolle. Gute Grundlagen, um Haus- und Grundbesitz zu erlangen.

☉♓ ☽♌ *Sonne in den Fischen, Mond im Löwen*

Das Romantische, Geheimnisvolle und vermeintlich Unerreichbare fasziniert Sie ganz besonders. Sie möchten nach den Sternen greifen. Herzenswärme und Wohltätigkeit ist ein Lebenselixier für Sie, und Sie schenken anderen viel davon. In esoterischen Bestrebungen sollten Sie sich vor dem Zauber der Magie hüten.

☉♓ ☽♍ *Sonne in den Fischen, Mond in der Jungfrau*

Aktive Intuition und die Fähigkeit, Inspirationen kritisch zu bewerten, Wißbegier und Arbeitsfreude. Verstand und Gefühl verbinden sich zu einem Gleichklang. Klugheit und gesunder Menschenverstand geben hier auch anderen einen Halt.

☉♓ ☽♎ *Sonne in den Fischen, Mond in der Waage*

Wache Aufnahmefähigkeit, Offenheit für spirituelle Themen, Musikliebe. Diese Menschen sind nicht gern allein, sie erwarten von einem Partner/einer Partnerin emotionale Erfüllung. Es fällt ihnen leicht, Freunde zu gewinnen.

☉♓ ☽♏ *Sonne in den Fischen, Mond im Skorpion*

Sie werden oft mißverstanden und falsch eingeschätzt: als ichbezogen oder dominant. Dabei sind Sie voller Mitgefühl für die Umwelt und bemühen sich, anderen Menschen zu helfen. Sinn für berufliche Chancen und Kraft, sie zu nutzen.

☉♓ ☽♐ *Sonne in den Fischen, Mond im Schützen*

Warme Ausstrahlung, weite Gefühle, idealistische Vorstellungen und Sehnsucht danach, Transzendenz in diesem Leben zu erfahren. Sehr gesprächig, manchmal schwatzhaft. Eifriger Einsatz für die Ziele, die einem wertvoll erscheinen; Widerstand gegen Bestrebungen, in der Unabhängigkeit der eigenen Gefühle eingeengt zu werden. Reisefreude.

☉♓ ☽♑ *Sonne in den Fischen, Mond im Steinbock*

»Der Wille träumt, das Gemüt strebt nach Erfolg«, könnte ein Motto für diese Kombination von Sonne und Mond lauten. Gefühlsmäßig suchen diese Menschen Selbstbestätigung, Anerkennung, dingliche Werte, praktischen Nutzen – also »Erfolg«. Dabei ist der Wille jedoch mehr auf ideale als auf reale Ziele hin orientiert, wodurch eine gewisse Spannung entsteht. Eine Lernaufgabe liegt deshalb darin, Kopf und Herz an einem Strang ziehen zu lassen.

☉♓ ☽♒ *Sonne in den Fischen, Mond im Wassermann*

Ruhiges Temperament, gutes Erinnerungsvermögen, sicheres Urteil und Offenheit gegenüber der Umwelt und ihren Wünschen bzw. Anforderungen. Diese Menschen fühlen sich vermutlich in irgendeiner Art von Öffentlichkeit wohler als am »heimischen Herd«. Weitgespannte Interessen und Fähigkeit, auch groß angelegte Pläne zu verfolgen.

☉♓ ☽♓ *Sonne in den Fischen, Mond in den Fischen*

Das ist wieder eine Neumondkonstellation. Damit vertiefen sich die Einflüsse beider Himmelslichter, was aber nicht heißt, daß beide gleich glanzvoll nach außen strahlen. Vielmehr dürften manche Kräfte, die von Sonne oder Mond symbolisiert sind, nur für Sie innerlich spürbar sein und nur von Ihnen intensiv erlebt werden. Aktive Imagination und Inspiration, mediale Gaben, humanitäre Ideale. Klarheit und Entschlossenheit, Entscheidungsfreude und Beharrlichkeit gehören zu dem, was diese Menschen lernen müssen.

5 Planeten und Achsen in der karmischen Astrologie

☽☾ Vom Neumond zum Vollmond und zurück

In diesem Abschnitt greife ich auch auf Gedanken zurück, die Michael R. Meyer, einer der herausragenden Schüler Dane Rudhyars, 1974 in seinem Buch *A Handbook for the Humanistic Astrologer** dargelegt hat.

Die Himmelsbeziehungen zwischen Sonne und Mond lassen sich in zwei Phasen beschreiben. Da ist erstens die Phase des zunehmenden Mondes von Neumond zu Vollmond und zweitens die des abnehmenden Mondes von Vollmond zu Neumond. Archetypisch lassen sich diese beiden Phasen gut voneinander unterscheiden.

- Die Phase des *zunehmenden Mondlichtes* bringt spontanes Wachstum und instinktive Aktion mit sich. Sie unterstützt Aufbau und Entwicklung organischer Strukturen.
- Die Phase des *abnehmenden Mondlichtes* begünstigt generell Abschluß und Auflösung. Sie fördert die Entfaltung von Selbstreflektion und Sinn.

* Dieses Buch ist leider immer noch nicht auf deutsch erschienen (siehe Literaturhinweise).

Innerhalb dieser zwei Phasen unterscheiden wir vier Unterphasen:

- *Das erste Mondviertel* von Neumond bis zum zunehmenden Halbmond. In dieser Subphase geht es um die Suche nach sich selbst.
- *Das zweite Mondviertel* vom Halbmond zum Vollmond. Hier baut man eine solide Grundlage für die Persönlichkeit.
- *Das dritte Mondviertel* vom Vollmond zum abnehmenden Halbmond, »Ernte« oder »Ent-Täuschung«.
- *Das vierte Mondviertel* vom Halbmond zum Neumond, Herausforderung durch oder von veralteten Strukturen und Reformation der persönlichen oder gesellschaftlichen Basis.

Meyer spricht von acht Sonne-Mond-Typen, die er indes anders bezeichnet als ich:

Der neue Mond: *Neumondtyp, im Tierkreis 1° bis 45° der Sonne voraus.*

Das Schlüsselwort lautet Entstehung; es geht um die Projektion der eigenen Ideale und Vorstellungen in die äußere Welt. Das Temperament ist impulsiv und instinktiv. Freud und Marx hatten diese Mondstellung in ihrem Horoskop.

Der pflanzende Mond: *Sichelmondtyp, zunehmender Mond, im Tierkreis 45° bis 90° der Sonne voraus.*

Der Kerngedanke ist Selbstbehauptung. Anteilnahme an der positiven Veränderung alter Formen. Man ist recht selbstbewußt. John F. Kennedy und Maria Montessori sind Beispiele dafür.

Der wachsende Mond: *Halbmondtyp, zunehmender Mond, im Tierkreis 90° bis 135° der Sonne voraus.*

Aktion steht im Mittelpunkt des Interesses; es herrscht ein Bedürfnis nach Aufbau von Strukturen, die den eigenen Idealen gerecht werden; man ist willensstark. Alice Bailey und John Lennon hatten diese Sonne-Mond-Beziehung.

Der reifende Mond: *Dreiviertelmondtyp, zunehmender Mond, im Tierkreis 135° bis 179° der Sonne voraus.*

Ein Schlüsselwort ist Ausdrucksreichtum. Es geht um persönliches Wachstum im Rahmen eines sozialen Bezugs, Fragen und Suchen spielen eine Rolle. Janis Joplin und Jakob Böhme können exemplarisch genannt werden.

Der Erntemond: *Vollmondtyp, im Tierkreis 181° bis 135° auf die Sonne zu.*

Mittelpunkt dieser Sonne-Mond-Stellung ist Erfüllung in jeder Beziehung. Bei sonst negativer seelischer Disposition könnte es auch zu einer Wirklichkeitsflucht oder Auflösung der eigenständigen Persönlichkeit kommen. Meyer nennt Rudolf Steiner und Jiddu Krishnamurti als positive Beispiele.

Der gebende Mond: *Dreiviertelmondtyp, abnehmender Mond, im Tierkreis 135° bis 90° hinter der Sonne.*

Der Kern ist hier Synthese; man gibt das weiter, was man sich erworben hat. Man möchte andere Menschen beeindrucken und inspirieren. Meher Baba, aber auch Adolf Hitler hatten diese Mondstellung in ihrem Horoskop.

Der sich umformende Mond: *Halbmondtyp, abnehmender Mond, im Tierkreis 90° bis 45° hinter der Sonne.*

Ein Schlüsselwort lautet Neuorientierung; man bemüht sich um die Anwendung universaler Prinzipien auf praktische Angelegenheiten. Dabei ist man recht erfindungsreich. Lenin und Trotzki sowie Olcott und Annie Besant sind prominente Beispiele dafür.

Der stille Mond: *Sichelmondtyp, abnehmender Mond, weniger als 45° bis 1° hinter der Sonne.*

Befreiung bzw. Erlösung sind die Grundlage dieser Sonne-Mond-Beziehung; es geht um das Hervorbringen einer neuen Saat und die Weitergabe von Visionen oder Anlagen für die Zukunft; Verständnis für die Zusammenhänge zwischen Vergangenheit, Gegenwart, Zukunft und »Schicksal«. Das Horoskop von Kant, Dane Rudhyar, Bob Dylan sowie – natürlich nicht so prominent – dem Verfasser selbst weist diese Mondstellung auf.

Wenn die Sonne-Mond-Stellung bei Neumond oder bei Vollmond nahezu exakt ist, sollten wir sie differenzierter werten. Bei gradgenauem Neumond bzw. gradgenauem Vollmond werden wir oft »archetypische« Qualitäten des Neumondes oder Vollmondes finden: ein unmittelbares Aufgehen der Mondkräfte in den Sonnenkräften beim Neumond mit der Gefahr, daß die Mondkräfte nicht richtig zum Ausdruck kommen; eine strahlende Spiegelung der Sonnenkräfte durch den Vollmond mit der Gefahr, daß man höhere Gaben für eigene Verdienste hält.

☿ Merkur: Öffnung für Austausch

»Teilen wir (mit), was wahr, notwendig und liebevoll ist.«

Merkur, der mythische Götterbote, wirkt mehr als beauftragter Übermittler denn als aus eigener Vollmacht handelnde Gestalt. Er entfernt sich, wie Sie wissen, nie sehr weit von der Sonne (maximal 29 Grad), Konjunktionen sind nicht selten, Sextile oder größere Aspekte gibt es natürlich nicht. Der Merkur – und seine höhere Oktave Uranus auch – wird anders als die anderen Planeten nicht als männlich oder weiblich, als positiv oder negativ (was »elektrisch« und nicht moralisch gemeint ist) betrachtet, sondern als neutral.

Sprache und Nachrichten gehören zu seinen Entsprechungen sowie Intellekt, Lernfähigkeit, Kontakte aller Art, Wendigkeit. Wir ordnen auch Handel, Kommerz und allgemein den Umgang mit Geld diesem Planeten zu.

In der spirituellen Astrologie stellen wir jedoch die Schlüsselbegriffe Offenheit bzw. Öffnung für Austausch sowie den sinnvollen Einsatz der Verstandesgaben und die bewußte Kommunikation in den Mittelpunkt der Deutung. Im karmischen Gesamtbild des Horoskops weist der Merkur nach Haus- und Zeichenstellung und seinen Aspekten darauf hin, wo und wie wir die Kraft der Sonne, unsere Lebenskraft, mitteilen können. »Mitteilen« – in diesem Wort steckt »etwas mit jemand anderem teilen«! Der Merkur wird zuallererst etwas über unsere Sonnenqualität mitteilen; er wird sie im selben Haus und Zeichen oder in einem der beiden benachbarten Häuser und Zeichen signalisieren oder »verteilen«. Über starke Aspekte zu anderen Planeten kann er auch deren Kräfte mitteilen.

Ein bewußter Mensch setzt seine/ihre Merkurkraft ein, um selbst geistige Klarheit zu gewinnen und mit anderen zu teilen. Ein unbewußter Mensch ist versucht, Cleverness an die Stelle von Klugheit treten zu lassen.

♀ Venus: Wunsch nach Verbindung

»Schön wirkt alles, was man mit Liebe betrachtet.«

Auch der Planet Venus entfernt sich nie sehr weit von der Sonne (maximal 48 Grad) und kann außer in Konjunktion nur im Halbsextil, im Novil und im Halbquadrat zu ihr stehen.

Traditionell rechnet man die Begriffe Harmonie, Kunst, Ästhetik, Freude an Werten und Komfort, Zärtlichkeit, Sinnlichkeit und weibliche Libido zur Venus. Im Beziehungshoroskop steht sie auch für eine junge Frau oder Schwester.

Wir widmen unsere Aufmerksamkeit stärker solchen Entsprechungen der Venus wie Beziehungsfähigkeit, Streben nach Liebe und Sehnsucht oder Desinteresse nach Verbindung bzw. Intimität mit anderen (die nicht immer nur erotisch gefärbt sein muß). Über die Venus sehen wir im Bild des karmischen Horoskops, wie der/die betreffende Horoskopinhaber/in mitmenschliche Nähe sucht, braucht oder ablehnt. Man bemüht sich, vor allem das wahrzunehmen, was verbindet. Die Venusstellung zeigt uns über Häuser, Zeichen und Aspekte, in welchem Lebensbereich und auf welche Weise das natürliche Streben jedes Menschen nach zwischenmenschlicher Liebe sich zu entfalten versucht. Der Wunsch nach persönlicher Wertschätzung und seine Erfüllung sowie die Art, wie menschliche Verbindungen gelebt werden, ist Teil des Gesamtkarmas, mit dem sich der/die Horoskopinhaber/in bewußt beschäftigen sollte.

Ein bewußt lebender Mensch sucht und findet echte liebevolle menschliche Verbindungen, ohne sich durch momentane sinnliche Freuden vom Weg abbringen zu lassen. Ein unbewußt lebender Mensch sucht im äußerlich reizvollen Schein vergebens die inneren Werte.

♂ Mars: Aktiver Einsatz

»Leben heißt handeln.«

Pioniergeist, Triebkraft, Durchsetzungsfähigkeit und Risikobereitschaft sind typische Entsprechungen zum Planeten Mars, auch die männliche Libido. Im Beziehungshoroskop steht der Mars u. a. für einen jungen Mann oder Bruder.

Für unser Thema stellen wir die Begriffe Initiative und Energie in den Vordergrund. Was und wie beginnt der Mensch, was setzt er an Vorhaben in die praktische Tat um und auf welche Weise? Der Mars signalisiert im spirituell gedeuteten Horoskop, in welchem Lebensbereich und in Verbindung mit welchen anderen Planetenkräften die Person sich nach außen, in die Welt, wendet.

Als Teil der karmischen Gesamtaufgabe weist die Marsposition in Häusern und Zeichen und nach ihren Aspekten darauf hin, in welchen Zielen und Themen sich der Mensch äußerlich sichtbar manifestieren will bzw. welche Absichten er energisch entfalten möchte.

Ein bewußter Mensch setzt seine Energie gezielt und beherrscht ein, unter der Führung der Seelenkraft. Ein unbewußter Mensch läßt sich von seinen jeweiligen Impulsen zur Aktion anstoßen, ohne vorher Konsequenzen zu überlegen.

♃ JUPITER: VERANTWORTUNG VON FREIHEIT UND SINN

»Wer ein Warum des Lebens kennt, kann das Wie tragen.«

Optimismus, Freiheitsliebe, Grenzüberschreitungen im geographischen und im geistigen Sinne, Sinnbedürfnis, Recht, Philosophie, Religion sind einige der traditionellen Stichworte zum Planeten Jupiter. Früher nannte man Jupiter bekanntlich »das große Glück« (in jeder Beziehung) und Venus »das kleine Glück«. Im Beziehungshoroskop kann der Jupiter für einen anderen Menschen stehen, der »Glück« bringt; in Indien steht er auch für den Guru oder spirituellen Lehrer (Guru heißt wörtlich Dunkelheit-Licht und meint das Licht, das die Dunkelheit auflöst; der Jupiter galt lange Zeit als »kleine Sonne«).

Das Prinzip der Entwicklung durch Expansion, durch Entfaltung gehört auch zum Jupiter (siehe auch Saturn mit entgegengesetztem Entwicklungsprinzip). Im spirituellen Sinne repräsentiert Jupiter die Kraft in uns, Erfahrungen und Erkenntnisse in einem größeren Zusammenhang zu sehen und Neues so aufzunehmen, daß es sich in ein großes Ganzes hineinfügt.

Der Jupiter zeigt an, in welchem Bereich und auf welche Weise es uns karmisch gesehen »leicht« fällt, unser Bewußtsein zu öffnen, Ideale und Sinn zu erkennen und darauf aufbauende Einstellungen und Verhaltensmuster zu verwirklichen.

Ein bewußter Mensch stellt überpersönliche Ideale, persönlichen Lebenssinn und eigene Erfahrung höherer Dimensionen in den Mittelpunkt seiner Entwicklung. Ein unbewußter Mensch gibt sich mit traditionellen Formen und dogmatischen Formeln zufrieden.

♄ SATURN: CHANCE DER VERANTWORTUNG

»Umsicht und Beharrlichkeit bringten dich ans Ziel.«

Zum Saturn gehören traditionell Schlüsselworte wie Pflichtgefühl, Leistungsbereitschaft, Grenzen, Beschränkung, Sicherheitsstreben und –bedürfnis, Struktur, Sitte, Tradition. Im Beziehungshoroskop steht dieser Planet für einen älteren Mann, unter Umständen auch für den Vater oder einen Lehrer.

In der spirituellen Astrologie beziehen wir den Saturn auf Begriffe wie Verantwortung, Disziplin, methodisches Vorgehen und Vertiefung sowie »Zeit«. Saturn ist das Prinzip der Entwicklung der Persönlichkeit durch Begrenzung, Aufgabe, Loslassen (freiwillig oder auch nicht) – also durch Konzentration auf das Wesentliche.

Saturn ist mythologisch bekanntlich auch der »Hüter der Schwelle« am Tore des Übergangs vom Leben durch den Tod zum Jenseits und damit der »Zeitsetzer« schlechthin. Als angeblich »großer Übeltäter« neben Mars, dem »kleinen Übeltäter«, war er wohl deshalb im Mittelalter (und heute noch?) berüchtigt, weil er als Hüter nur das Körperlose ins Jenseits passieren läßt und so mit dem Körpertod gleichgesetzt wurde.

Häufig herrscht die Ansicht, ohne den »Störenfried« Saturn wäre das Horoskop uneingeschränkt harmonisch. Es hat sich eingebürgert, ihn als »Karmaplaneten« zu betrachten, als Anzeiger für unsere größten Herausforderungen, schwierigsten Probleme, hartnäckigsten Widerstände und dunkelsten Schatten.

In unserem Gesamtkarma dieses Lebens sehe ich ihn als Symbol dafür, wo und wie wir durch bewußte Unterscheidungskraft für das Wesentliche und »Not-Wendige« im Leben und durch unumgängliche Einsicht in das eherne Gesetz von Ursache und Wirkung der Verantwortung gerecht werden, unseren Lebensplan zu erfüllen. Dann bringt die Saturnkraft nicht die falsche Sicherheit materieller Formen, sondern die echte Sicherheit des unvergänglichen Geistes.

Bewußte Menschen setzen sich mit ihrer Zeitlichkeit auseinander und ziehen daraus die richtigen Schlüsse. Sie erspüren die Aufgaben ihrer Zeit und bemühen sich, sie zu erfüllen. Unbewußte lebende Menschen sträuben sich gegen das Thema Zeitlichkeit, weichen diesen Fragen ganz aus oder nehmen eine zynische Haltung ein.

⛢ URANUS: AUFBRUCH ZUM NEUEN

»Die Befreiung des Ichs.«

Alles Unvorhergesehene, das Plötzliche von Ereignissen und Entwicklungen, Änderungen und Störungen, Revolution, Instabilität, Exzentrik, Erfindungsgeist sind typische Entsprechungen für den Uranus. Auch Elektrizität und das Kommunikations-Massenmedium Fernsehen gehören zu Uranus (Film entspricht Neptun). Der Uranus gilt bisweilen als höhere Oktave des Merkur (und ist dementsprechend ebenfalls weder »männlich« noch »weiblich«, weder »positiv« noch »negativ«, sondern neutral).

In der spirituellen Astrologie sehen wir Uranus als Symbol für Transformation durch Öffnung für eine höhere Intuition, als kreative Grenzüberschreitung vom Alten zum Neuen (in Reaktion auf Beschränkungen durch die Saturnkraft). Das Ich befreit sich aus den vermeintlichen oder tatsächlichen Bindungen, um neue Dimensionen zu erkunden.

Karmische Themen sind Unabhängigkeitsstreben, Grenzerfahrungen, ungezielte Denkweisen, ungewöhnliche Verhaltensmuster, der Drang nach Freiheit und die Fähigkeit (oder Unfähigkeit), auf überraschende Veränderungen schnell zu reagieren.

Bewußt lebende Menschen begreifen die Uranuskraft als Anstoß, sich für Spontaneität und völlig neue Perspektiven zu öffnen, und integrieren diese in ihren Lebensplan. Unbewußt lebende Menschen sehen in ständiger »Revolution« einen Wert an sich und übersehen dabei, daß Ordnung ein grundlegendes kosmisches Prinzip ist (sondern würden die Himmelskörper wild durcheinanderfliegen!), oder sie verwechseln das Ausleben vorübergehender Ich-Impulse mit wahrer Freiheit.

♆ NEPTUN: LOSLASSEN UND EINLASSEN

»Die Befreiung vom Ich.«

Phantasie und Einfühlungsvermögen, Beeindruckbarkeit, Ahnungen, aber auch Illusionen sowie mediale Gaben und Erfahrungen werden traditionell dem Neptun zugerechnet. Das Massenmedium Film, das »Channeling« sowie sanfte Heilweisen gehören zu Neptun. Während es bei Uranus um unerwartete Wendungen geht, handelt es sich bei Neptun um langsame, fast unmerkliche Entwicklungen (im Negativbeispiel um schleichende Süchte). Der Neptun wird manchmal als die höhere Oktave der Venus bezeichnet.

In der spirituellen Astrologie sehen wir Neptun als die Tendenz, sich von Ich-Grenzen zu befreien, alte Strukturen aufzulösen und sich für überpersönliche, seelische Dimensionen zu öffnen. Er steht auch für Meditation.

Karmische Themen sind u. a. Verschmelzungsbedürfnis und kosmisches Bewußtsein, Vertrauen in das Leben, Friedensliebe oder Realitätsflucht, blinder Idealismus oder unkritische aktive oder passive Idolisierungen.

Bewußt lebende Menschen sehen die Neptunkraft als Bemühung um universelle Systeme und Werte wie Humanismus und Spiritualität an. Unbewußt lebende Menschen sind in der Gefahr, sich in bodenlosen Phantasien zu verlieren oder den Wert ihrer eigenen Persönlichkeit zu negieren.

♇ Pluto: Überpersönliche Transformation

»Schatten gibt es nur, weil es Licht gibt.«

Machtstreben und gewaltige Einflüsse des Kollektivs (von Modeunfug bis Führergefolge), Urängste und »Schuld«, Tod und Wiedergeburt, Sexualität und Magie, Atomkraft und Zell-Energie als Schlüsselworte des Pluto, der 1930 zeitgleich mit der Entdeckung der Atomspaltung nachgewiesen wurde, kennzeichnen diesen Planeten als besonders »stark«. Der Pluto ist so etwas wie die höhere Oktave des Mars. Als letzter derzeit bekannter Planet (Chiron ist nach astronomischer Auffassung kein Planet) unseres Sonnensystems – der noch dazu eine ganz eigenwillige Umlaufebene innehat, die so stark versetzt ist zu den anderen Planeten, daß er als einziger zeitweise innerhalb der Umlaufbahn des ihm nächstliegenden Planeten kreist und also näher an der Sonne als Neptun ist – stellt er eine »Brücke« aus unserer unmittelbaren, relativ kleinen kosmischen Umgebung am Rande des Universums zum großen, weiten All dar.

In der spirituellen Astrologie betrachten wir den Pluto daher vor allem als Symbol für eine umfassende, alle Zellen des Menschen ergreifende Transformation.

Karmisch gesehen bringt der Pluto Themen wie Erneuerung von Grund auf, Regeneration, Überwindung von Raum und Zeit und Chancen sowie Grenzen der Selbstverwirklichung mit sich.

Bewußt lebende Menschen erkennen in ihrer Plutokraft die Aufforderung, sich mit Licht und Schatten in Individuen und Gesellschaft bewußt auseinanderzusetzen. Sie stellen fest, daß die weltliche Sphäre mit ihrem materiellen Licht immer Schatten werfen wird – und sei das Licht noch so hell. Nur in den geistigen Dimensionen kann die Seele das schattenlose schöpferische Licht der Gotteskraft wahrnehmen (siehe auch »Innere Astrologie« in Kapitel 11).

Unbewußt lebende Menschen empfinden sich entweder als »Opfer« finsterer Mächte von außen – ohne zu bemerken, wie sehr sie selbst am leidvollen Schauspiel des Lebens Anteil haben – oder sie verfolgen ihre Ziele rücksichtlos, fanatisch und

»ferngesteuert« von einer ihnen selbst unbewußten Kontrolle durch Wahnvorstellungen oder Idolfiguren.

☊☋ DIE MONDKNOTEN

»Die Achse der Einsicht ins Karma.«

Manche Astrologen halten die Mondknotenachse für unwesentlich; andere sehen in ihr das Verhältnis zwischen Horoskopinhaber/in und Gruppen von Menschen angezeigt; eine dritte Meinung hält die beiden Mondknoten für »karmische Anzeiger« neuer Herausforderungen und alter Probleme.

Bernd A. Mertz bezeichnet die Qualität des nördlichen Mondknotens (des sogenannten Drachenkopfes) als ähnlich der Kombination Sonne-Jupiter, die des südlichen Mondknotens (Drachenschwanz) als ähnlich der Kombination Mond-Saturn. Martin Schulman hat dem Thema der Mondknoten ein interessantes Buch gewidmet. * Unter meinen Planetenbüchern findet sich auch ein Bändchen über diese interessante dritte Horoskopachse und ihre möglichen Bedeutungen.

Wenn wir in der spirituellen Astrologie das gesamte Horoskop – und nicht einige Einzelfaktoren – als symbolische Darstellung unseres gesamten Karmas in diesem Leben auffassen, so müssen wir überlegen, welche Rolle die Mondknotenachse dann überhaupt noch spielen kann und soll. Es wäre sehr viel einfacher und »schöner«, nur den Mondknoten oder nur Saturn das schwierige Thema Karma zuzuweisen (und damit stillschweigend alle »Probleme« zu meinen), als zu versuchen, uns im vollständigen Horoskop wiederzuerkennen. Letzteres verlangt entschieden mehr Eigenverantwortung und Unterscheidungskraft. Wir wollen es dennoch versuchen.

Die Mondknoten sind keine Planeten, sondern rechnerische Punkte. Sie bezeichnen jene beiden Punkte, an denen sich die

* M. Schulmann: »Karmische Astrologie 1. Die Mondknoten«. Urania Verlag, CH-Neuhausen

Erdbahn um die Sonne und die Mondbahn um die Erde, gemessen an der Ekliptik, schneiden. Rechnerische Punkte sind nicht imaginär und irrelevant – genausowenig, wie Mathematik irrelevant ist. Allerdings sollten wir nicht vergessen, daß es sich nicht nur um zwei Punkte, sondern um eine zusammenhängende Achse handelt. Bekanntlich stehen sich der aufsteigende (nördliche) und der absteigende (südliche) Mondknoten im Tierkreis genau im Abstand von 180 Grad einander gegenüber. Sie laufen »rückwärts« durch unser Maßband des Tierkreises.

Eine Opposition bringt die Themen bewußte Wahrnehmung und Auseinandersetzung, Streben in entgegengesetzte Richtungen, die Chance, aufeinander zuzugehen, oder gegenseitige Blockaden von Energien mit sich. Wie so oft, liegt es an unserer Bewußtseinsentwicklung, welches Thema der Mondknotenopposition wir leben.

- *Der nördliche Mondknoten* ist neuen Perspektiven und Aufgaben mit Zukunftsorientierung und Entwicklungswegen zuzuordnen.
- *Der südliche Mondknoten* bezieht sich symbolisch auf Vergangenheitsbindungen, Gewohnheitsmuster und ungelöste Probleme. Häufig wird übersehen, daß der südliche Mondknoten keineswegs nur »schwierig« ist. Er steht auch für alte, »ererbte« oder karmisch erworbene Talente und alles, was wir in dieses Leben mitgebracht haben.

Die Bedeutung der Mondknotenachse in der spirituellen Astrologie liegt darin, daß sie symbolisch anzeigt, in welchen Häusern und Zeichen und in Verbindung mit welchen Planetenkräften es uns laut unserem Lebensplan gelingen soll, das Karmagesetz überhaupt als Lebensthema zu erkennen. Die Mondknotenachse erinnert uns an die Gesetzmäßigkeit von Ursache und Wirkung.

- *Der nördliche Mondknoten* repräsentiert neue Ursachen, die wir in diesem Leben setzen können, um daraus erwünschte Wirkungen erwachsen zu lassen.

- Der *südliche Mondknoten* stellt alte, früher gesetzte Ursachen dar, die sich in diesem Leben als Wirkungen zu erkennen geben.

Die Achse weist mit ihrer unauflöslichen Zugehörigkeit zwischen aufsteigendem und absteigendem Mondknoten als Ausdruck der Beziehung zwischen Erde, Mond und Sonne darauf hin, daß es nahezu unmöglich ist, sich über das kosmisch zwingend erscheinende Zusammenspiel der Gestirne zu erheben, die unsere Lebenssituation symbolisch widerspiegeln.

Die Mondknotenachse zwingt uns also dazu, etwas zu finden, was über diese Bindungen von Körper, Raum und Zeit hinausführt.

Anders gesagt: die Mondknotenachse zeigt vor allem an, wo und wie wir unsere karmische Festlegung erkennen und wo und wie wir unseren bewußten freien Willen entwickeln können, um uns aus dem Karmagesetz zu befreien. Damit steht nicht im Vordergrund, welches konkrete Karma uns bedrückt oder erhebt, sondern daß wir Karma als Lebensgesetz überhaupt wahrnehmen.

AC DC Aszendent – Deszendent

»Die Achse der personalen Verwirklichung.«

Der Aszendent ist, wie wir wissen, der »persönlichste« Punkt im Meßkreis des Horoskops, weil er – wenn wir die Geburtsminute wirklich genau kennen – den »Einstieg« und Start dieses Lebens in Kreislauf und Rhythmus der irdischen Entwicklung des Menschen im Rahmen kosmischer Gegebenheiten anzeigt. Aus Zeichen, Dekade, Tierkreisgrad und Planetenaspektierung lassen sich wesentliche Aussagen zu den Grundbedingungen dieses Lebens treffen. Der Aszendent macht es auch, wenn seine »Fortschreibung« Teil einer Methode zur Zeitbestimmung ist, möglich, Zyklen und sogar Ereignisdaten recht genau vorauszusagen (siehe auch Seite 115).

Die Achse Aszendent-Deszendent wird von allen Astrologen gleich berechnet und sehr ähnlich gedeutet. Sie gilt seit jeher als Ich-Du-Achse, welche den 360-Grad-Kreis zum ersten Male teilt und eine Polarität schafft. Mit der Geburt gelangen wir in die Polarität oder Dualität der Welt: »Hier bin ich«, schreit das Neugeborene und erwartet von der Außenwelt und vor allem vom ersten Du-Bezug in Gestalt der Mutter Zuwendung.

In der spirituellen Astrologie betrachten wir diese Achse, ihre Zeichenposition und ihre Aspektierung durch Planeten als Anzeiger dafür, wie und wo es in diesem Leben gelingen soll, eine Balance zu finden zwischen den Wünschen und Bedürfnissen des Ichs und der Zuwendung zum mitmenschlichen Du.

Karmische Themen sind häufig die Erkenntnis der Motive und Antriebe des Ichs, die Abhängigkeit oder Unabhängigkeit von Du-Urteilen und die Entwicklung der Fähigkeit, zwischen Ich-Impulsen und Zielen des Selbstes zu unterscheiden.

MC IC ZENIT – NADIR
»Die Achse der sozialen Verwirklichung.«

Gebühren dem MC, der vermeintlichen »Himmelsmitte« und dem IC, der vermeintlichen »Himmelstiefe«, eigentlich die ihnen eingeräumte Bedeutung, wenn wir an die Worte Carl Payne Tobeys in *Astrology of Inner Space** denken?

»Der Zenit ist auf halber Strecke zwischen den beiden Horizontpunkten von Aszendent und Deszendent vom Geburtsort aus gesehen, während der MC auf halber Strecke zwischen den beiden Punkten liegt, an denen der Erdäquator den astronomischen Horizont berührt... Diese beiden Punkte, an denen der Äquator den astronomischen Horizont kreuzt, werden in der Astrologie sonst niemals benutzt. Ich

* A. a. O. S. 54f.

sehe also nicht ein, warum sie in einer Astrologie, die auf dem Tierkreis und der Ekliptik beruht, irgendeine Bedeutung haben sollten.«

Im äqualen Häusersystem fallen die Spitze des 10. und des 4. Hauses mit der tatsächlichen »Himmelshöhe« und der wahren »Himmelstiefe« zusammen, also mit dem Zenit und dem Nadir. In dieser Bedeutung sind bitte die folgenden Bemerkungen zu verstehen, denn mit dem MC und IC bei inäqualen Häusern kann ich persönlich leider wenig bis nichts anfangen.

Die zweite Hauptachse nach der (unumstrittenen) Ich-Du-Achse von Aszendent-Deszendent ist die Achse Zenit-Nadir. Sie teilt den zunächst nur halbierten Kreis in vier Viertel. Nach der horizontalen Achse beschäftigen wir uns hier mit einer vertikalen. Traditionell und der direkten Anschauung entsprechend weist der obere Punkt der Achse, die Spitze des 10. Hauses, auf das Außen, das soziale Feld, den Beruf und die sichtbare Verwirklichung in der Gesellschaft hin. Der untere Punkt, die Spitze des 4. Hauses, wird zumeist dem Innen, den materiellen und geistigen Wurzeln und der irdischen und überweltlichen Heimat zugeordnet. In der spirituellen Astrologie sehen wir in dieser Achse die Herausforderung, ein Gleichgewicht zwischen Außen und Innen zu finden.

Karmische Themen sind oft Familienbindungen, die als Zwang oder Halt erlebt werden bzw. Berufsziele, die wirkliche Erfüllung bringen oder vom Wesentlichen fortführen.

Die Planetenfolge im Horoskop

Ein interessantes Hilfsmittel, um die Abfolge karmischer Herausforderungen und die eigenen verursachenden und reaktiven Verhaltensmuster besser zu verstehen, stellt die Sequenz der Planeten dar, wie wir sie im Horoskopkreis vorfinden.

Vergegenwärtigen wir uns jeweils ein Stichwort zu den Planeten und betrachten wir das folgende Beispiel.

	AC	15°02 ♐
	MC	12°48 ♎
☉	Sonne	29°03 ♎
☽	Mond	15°34 ♉
☿	Merkur	3°29 ♏
♀	Venus	19°22 ♍
♂	Mars	21°59 ♌
♃	Jupiter	23°52 ♉
♄	Saturn	28°26 ♒
♅	Uranus	13°19 ♍
♆	Neptun	16°53 ♏
♇	Pluto	15°29 ♍
☊	nördl. Mondknoten	25°43 ♊
☋	südl. Mondknoten	25°43 ♐

Abbildung 1: Horoskop einer jungen Frau

In einem ersten Durchgang können wir zu folgenden skizzenhaften Horoskophinweisen gelangen (welche noch nicht Häuser, Zeichen und Aspekte berücksichtigen und die selbstverständlich im Rahmen einer ganzheitlichen Deutung und durch Feedback der Horoskopinhaberin noch erhärtet bzw. präzisiert werden müssen). In der Entwicklung von in sich geschlossenen Zyklen (Arbeiten, Projektvorhaben, Partnerschaften, Entwicklungen, Lebensabschnitten etc.) wird diese Frau wohl folgende typische Energieabläufe erfahren:

☋ Zunächst ein Dèja-vu-Erlebnis, ein Erkennen altvertrauter und angenehm interessierender Kräfte oder das Empfinden, mit einem seit langem nicht gelösten Thema konfrontiert zu sein.

♄ Eine Phase der wenig ereignisreichen, allmählichen Einstimmung, der dann eine wesentliche Vertiefung folgt oder eine Prüfung persönlicher Grenzen bzw. auch Einblick in Zeitmaßstäbe.

☽♃ Erneut eine «Verschnaufphase», dann ein Abschnitt der Erfüllung auf der Gefühlsebene und der Öffnung für neue Horizonte.

☊ Danach geistige Neuorientierung auf eine wesentliche Lebensaufgabe, die viel mit dem ersten Impuls zu tun hat.

♂ Subjektiv viel Zeit verstreicht, bevor sich aus dieser Neuorientierung eine konkrete Aktion entwickelt.

♅♇♀ Dann geht es Schlag auf Schlag: Plötzliche Ereignisse und Begegnungen, auch das eigene Freiheitsstreben, führen zu einer tiefgreifenden Transformation (oder auch zur Konfrontation mit Schuld, Macht und Karma), die entweder alle weiblichen Qualitäten herausfordern oder die man mit Liebe auffangen kann.

☉☿ Die folgende Etappe bringt zunächst ein Stillewerden und dann die Chance zur Bewußtwerdung der Persönlichkeit im Austausch mit anderen.

♆ Schließlich bringt ein solcher archetypischer Prozeßvorgang mitmenschlich-sensibles Einfühlungsvermögen und visionäres Erstreben von Idealen hervor (oder, wenn der Mensch nur äußerlich gelebt hat, schwärmerische Vorstellungen oder Illusionen).

Wir gehen also im Sinne der Tierkreiszeichen (gegen den Uhrzeigersinn) im Horoskop vor und prüfen, welche Planetenkraft sich zuerst im Leben bemerkbar macht, welcher Planet die nächste Energie symbolisiert und so fort. Natürlich kommt es auch jetzt wieder darauf an, wo im Horoskop der »Anfang« ist. Wir können nach dem Prinzip der vierfachen Häusereinteilung vom Aszendenten ausgehen als Startpunkt, von der Sonne, vom Mond oder von 1 Grad Widder. (Die Häuser werden im nächsten Kapitel ausführlich erörtert.)

- In der Abfolge der Planeten nach den *Aszendentenhäusern* erleben wir die Planeten als Energien, die unser kleines Ich herausfordern, in welchem Lebensbereich wir sie erfahren und mit welcher Kraft wir jeweils auf den vorherigen Energieimpuls reagieren.

- Die Reihenfolge der Planeten in den *Sonnenhäusern* * sagt uns etwas über die Aufgaben, die sich die Seele gestellt hat, und über ihre Reaktionsweisen, um weiter zu wachsen.
- Die Abfolge der symbolischen Planetenkräfte in den *Mondhäusern* * spiegelt unsere Sehnsüchte und Phantasien wieder, wenn wir uns erlauben, unbeschwert zu träumen.
- Die Abfolge der Planeten gemäß der *Mundanhäuser* * offenbart etwas von der Art der karmischen Lektionen, mit welcher wir durch das soziale Umfeld und die Normen der Gesellschaft konfrontiert werden.

Die Vertiefung der Horoskopdeutung mittels dieser zusätzlichen »Methode« stellt sich häufig als recht aufschlußreich heraus. Experimentieren Sie einmal mit ihr!

Die Horoskopuhr mit dem vorgeschobenen Aszendenten

Mein Saturn am Aszendenten entspricht unter anderem einer Vorliebe für Themen, die sich mit dem Phänomen Zeit beschäftigen. Deshalb gestatte ich mir an dieser Stelle, Sie auf ein sehr einfaches System der Zeitbestimmung im Horoskop aufmerksam zu machen, das sich häufig gut bewährt (bzw. Sie daran zu erinnern, wenn Sie es kennen; ein eigenes Buch über Zeitbestimmung im Horoskop ist das nächste Vorhaben vom Verlag Hier & Jetzt und mir).

Der Umlauf des ersten transaturnischen Planeten, des Uranus, um die Sonne beträgt rund 84 Jahre. Diese Zahl läßt sich auch als 12 x 7 schreiben. Durchschnittlich sieben Jahren verweilt der Uranus in einem Zeichenabschnitt. Die Hälfte des Uranus-Umlaufs

* Definition dieser Häuser in Kapitel 6 (S. 120).

ist 42 Jahre, das Alter also, in dem man oft die »Krise in der Mitte des Lebens« erlebt. In der Zahl 7 stecken im übrigen noch manche weitere interessante Hinweise. So ist die 7 die einzige einstellige Zahl, die bei der Teilung des 360-Grad-Horoskopkreises nicht zu einer ganzzahligen Gradzahl führt. Der Septilaspekt (360 Grad : 7) beträgt ca. 51 Grad und 25 Minuten.

Im Zusammenhang mit der Horoskopuhr interessiert uns eine »Zeitmessung«, bei der wir den Aszendenten als Uhrzeiger verwenden. Wir schieben ihn – ohne das übrige Horoskop zu verändern – im Sinne des Tierkreises (also gegen den üblichen Uhrzeigersinn) vor, und zwar in einem 7er-Rhythmus, der aus dem Uranuszyklus stammt.*

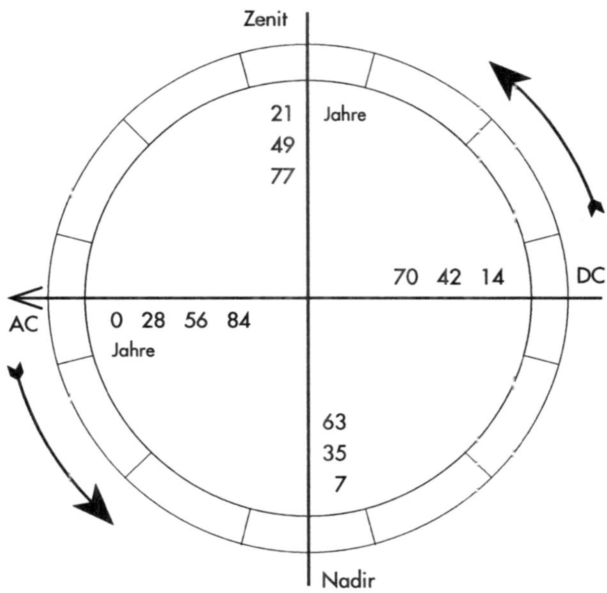

Abbildung 2
Der Aszendent bezeichnet den Zeitpunkt der Geburt und weist damit auf den persönlichsten Punkt im symbolischen Meßband des astrologischen Tierkreises hin. Wenn wir diesen Punkt »vorschieben«, haben wir eine oft sehr genaue Lebensuhr.

*siehe auch Dane Rudhyar: »Astrologie der Persönlichkeit«. Hugendubel Verlag München.

- Der Tierkreisgrad des Aszendenten beschreibt unsere *Geburtszeit.*
- *Sieben Jahre später* fällt der vorgeschobene Aszendent auf die Spitze des 4. Hauses (bei äqualen gleichgroßen Häusern) und zeigt damit den Beginn der Individualisierung aus dem Reich der Familie und des Unbewußten an.
- *Mit 14 Jahren* weist der Aszendenten-Uhrzeiger auf das persönliche Du-Erleben hin.
- *Nach 21 Jahren* steht unser Uhrzeiger an seinem höchsten Platz im Horoskop, an der Spitze des 10. Hauses. Er zeigt damit die ersten Bewährungen in der Außenwelt, im sozialen Umfeld und im Beruf an.
- *Mit 28 Jahren* fällt er auf seinen Ursprung, auf den Aszendenten. Er signalisiert uns damit eine »zweite Geburt« – nach der physischen Geburt am Anfang des Lebens nun die psychische Geburt mit 28. Damit ist der erste von drei archetypischen Umläufen des Aszendenten durch die Horoskopuhr vorbei. Dieser erste Umlauf diente der Entfaltung und Erprobung insbesondere der körperlichen Kräfte des Individuums und seiner Möglichkeiten.

Im zweiten Zyklus folgt nun die Entwicklung und Behauptung des psychisch bewußten Individuums in einem größer gewordenen und damit auch komplexeren, schwieriger zu durchschauenden und nicht immer freundlich gesonnenen Lebenskreises.

- *Mit 35 Jahren* fällt der Aszendentenzeiger erneut an den tiefsten Ort im Horoskop, an die Spitze des 4. Hauses. Er weist hier auf die Notwendigkeit hin, materiellen und psychischen Halt zu gewinnen, sich zu verwurzeln und die Tiefen der eigenen Psyche zu ergründen, Verantwortung für eine eigene Familie zu tragen (oder sie innerlich abzulehnen), vielleicht auch, bereits jetzt bewußt für das Alter vorzusorgen.

- *Nach 42 Jahren* zeigt der vorgeschobene Aszendent auf den Du-Punkt am Deszendenten, zeigt also die vorhin schon erwähnte Krise in der Mitte des Lebens an. Der halbe Uranusumlauf (der Transit-Uranus steht im Horoskop nach ungefähr 42 Jahren in Opposition zum Radix-Uranus) entspricht dieser Zeitspanne und deutet ebenfalls auf plötzliche Krisen, Begegnungen und Trennungen, ein Aufbrechen von oft unklaren Freiheitswünschen und einen Ausbruch aus den gewohnten Verhaltensweisen und Lebensmustern hin.
- *Mit 49 Jahren* zeigt der Uhrzeiger zum zweiten Mal auf die Spitze des 10. Hauses. Während beim ersten Umlauf an dieser Stelle das erste »Hineinschnuppern« in die berufliche-soziale Verwirklichung in der Außenwelt stand, das mehr von Neugier bestimmt war oder als Notwendigkeit zum Überleben erfahren wurde, kann man beim zweiten Umlauf vom Streben nach Festigung von Erfolgen oder vom Bemühen um Durchbruch nach langem Kampf ausgehen.
- *Mit 56 Jahren* zeigt der Aszendenten-Uhrzeiger erneut auf seinen Startpunkt. Der Zyklus der Verwirklichung emotionaler und mentaler Ziele ist in diesem Modell archetypisch (nicht individuell) zu einem ersten Abschluß gekommen. Nun erfolgt eine dritte Geburt, die spirituelle Geburt, das immer bewußtere Hervortreten des Geistes im Reiche des Bewußtseins. Jetzt geht es um die Entwicklung der Seele, die als eigenständige Kraft zwar durch Gedanken, Gefühle und Sinne wirkt, aber diese Kraft eben nicht *ist.* Jetzt geht es um die Frage: WER eigentlich bin ICH?
- *Mit 63 Jahren* – was ungefähr dem heute üblichen Pensionsalter entspricht (es sei denn, man ist selbständig) – fällt der Uhrzeiger unserer Horoskopuhr zum dritten und vielleicht letzten Mal an den Punkt im Horoskop, an dem es um Besinnung auf die Innenwelten geht, um die Verbindung mit unsichtbaren Kräften des Lebens, an dem

die Familie vielleicht eine ganz neue Bedeutung erlangt, zum Beispiel als Familie von Seelen unter der Elternschaft einer großen Schöpferkraft.

- *Mit 70 Jahren* weist der Uhrzeiger wieder auf den Deszendenten: Das Du wird nun (hoffentlich) von einem weisen und milden Standpunkt der Erfahrung aus weder idealisiert noch dämonisiert, sondern in seiner Eigenheit akzeptiert. Man versteht es – bei entsprechender Bewußtseinsentfaltung –, vor allem dem jüngeren Du Führung zu geben, ohne zu »ver-führen« oder zu dominieren. Man erkennt das Du als einen Spiegel und sieht voller Verständnis und Güte hinein.
- *Mit 77 Jahren* zeigt der vorgeschobene Aszendent die Chance an, spirituell das zu schätzen, was beruflich geleistet wurde. Man zieht eine innere Bilanz und wird nun prüfen, ordnen und bewerten, was über Umstände und Ich-Wünsche, über Karrieredenken und Suche nach Anerkennung hinaus Bestand hat als Werte, die über den Tag und über das Ego hinausgehen: Was hat der Seele und ihrer Entwicklung wirklich gedient? Welche Leistungen haben Bestand?
- ➤ *Mit 84 Jahren* kommt der dritte Umlauf zu seinem Abschluß, indem der vorgeschobene Aszendentenzeiger erneut auf seinen Ursprungsort fällt. Mit der Vollendung des dritten Zyklus ginge archetypisch die »Erleuchtung« einher als Geburt in höhere kosmische bzw. göttliche Dimensionen. Der Zyklus des Lebens als einer Seelenschule ist beendet.

Falls Sie mit dieser Horoskopuhr und dem vorgeschobenen Aszendenten als Uhrzeiger Aufschlüsse über Ihr Leben gewinnen möchten, ist es nützlich, die Einzelschnitte zu kennen. Deshalb nachstehend einige Zahlen.

Sie werden vermutlich wie die Teilnehmer/innen in meinen Seminaren feststellen, daß verblüffend genaue Zeitangaben möglich sind zu seelischen Vorgängen und zu Ereignissen, wenn der vorgeschobene Aszendent auf den Radixort dieses oder jenes Planeten fällt.

- In einem Jahr läuft der Zeiger dieser Horoskopuhr 12 Grad, 51 Bogenminuten und 24 Bogensekunden weiter.
- In einem Monat geht der Zeiger 1 Grad, 4 Bogenminuten und 17 Bogensekunden weiter.
- In zwei Jahren und vier Monaten geht er durch 30 Grad. Das heißt also, daß er in 28 Monaten ein ganzes Tierkreiszeichen durchläuft.

6 Das vierfache Häusersystem

Häuser beziehen sich auf die Lebensbereiche, in denen sich die Planetenkräfte bemerkbar machen. Die den meisten Lesern bekannten Häuser sind das, was ich *Aszendentenhäuser* nenne. (Darauf, daß es verschiedene Methoden für die Berechnung der Häuser – außer dem 1. und dem 7. – gibt, und wie die unterschiedlichen Häusersysteme einzuschätzen sind, gehe ich im folgenden weiter ein.) Die Bezeichnung Aszendentenhäuser trifft deshalb zu, weil die Zählung der zwölf Häuser immer beim Aszendenten beginnt.

Horoskopräume, die Lebensbereiche symbolisieren sollen und vom Aszendenten ausgehen, drücken meiner Überzeugung nach etwas anderes aus als Felder im Horoskopkreis, die von einem anderen Punkt als dem Aszendenten aus gezählt werden.

Mundanhäuser stellen Häuser dar, die ebenfalls Bereiche im Leben des Menschen repräsentieren sollen; sie werden bekanntlich mit den 360 Grad des symbolischen Tierkreises gleichgesetzt (umfassen daher immer genau 30 Grad) und beginnen beim Zeichen Widder als dem 1. Mundanhaus.

Dann gibt es noch mindestens zwei weitere Startpunkte für ein Häusersystem, nämlich die Tierkreisorte von Sonne und Mond, welche die Spitze des 1. *Sonnenhauses* bzw. des 1. *Mondhauses* markieren. Man zählt von Sonne bzw. Mond aus in ihrer natürlichen Laufrichtung durch den Tierkreis die zwölf Häuser zu wiederum jeweils 30 Grad.

Wir haben es mit vier Weisen zu tun, den Horoskopkreis in zwölf Abschnitte zu teilen und damit zu zwölf symbolischen Lebensbereichen zu gelangen. Die Hausposition der Planeten soll uns etwas darüber aussagen, wo die von ihnen dargestellten Kräfte wirken. Warum benutzt man nicht nur eine Methode, sondern zwei oder gar mehr? Weil es einerseits auf die Fragestellung ankommt, mit der man an ein Horoskop herangeht. Andererseits sollten wir nicht nur aufgrund eines einzigen Horoskophinweises oder eines einzigen Faktors deuten, sondern erst nach Querverbindungen und gegenseitigen Bestätigungen entsprechend mehrerer Faktoren und Methoden urteilen.

In diesen vier Häusereinteilungen finden sich auch vier unterschiedliche Zeitgesetze:

- Der Aszendent wandert rund alle vier Minuten im Tierkreis ein Grad weiter und ist damit sehr individuell in der Bestimmung der Häuserspitzen. Da die Geburtszeit oft nicht sehr genau ist und die »Geburtszeitkorrektur« meist völlig spekulativ bleiben muß, ist die Aussagegenauigkeit der Aszendentenhäuser – zumal bei inäqualen Häusern und wenn Planeten ganz am Anfang oder Ende eines Hauses stehen – doch häufig recht eingeschränkt.
- Der Mond hat die nächstschnellste Bewegung durch das Maßband unseres Tierkreises – in rund 28 Tagen durchläuft er alle 360 Grade, an einem Tag immerhin knapp ein halbes Zeichen. Damit hat er den Vorzug der noch relativ individuellen Häuserbestimmung.
- Die Sonne braucht in ihrem scheinbaren Lauf um die Erde rund ein ganzes Jahr, um den Tierkreis zu durchmessen. Damit sind Sonnenhäuser jeweils schon für ziemlich viele Menschen mit ähnlichen Geburtstagen gültig.

- Die *Mundanhäuser* schließlich gelten für alle Menschen in gleicher Weise: Widder ist immer 1. Haus, Fische immer 12.
- Die *Aszendentenhäuser* sind für mich *Ich-Häuser*, in denen sich die Lebensbereiche so darstellen, wie wir sie durch unsere subjektive Brille sehen wollen und gemäß den Rollen, mit denen wir uns jeweils identifiziert haben. Hier sieht das Ego, das Gemüt, die Welt auf die Weise, die er selber will – nicht unbedingt, wie sie ist.
- Die *Sonnenhäuser* geben meiner Ansicht nach Aufschluß über die Sicht, wie unser Selbst – im Unterschied zum Ego also unser höheres Bewußtsein – Lebensbereiche, Persönlichkeitskräfte und Wirkungssphären und seine karmischen Aufgaben erblickt. Deshalb verwende ich den Ausdruck *Schicksals-Häuser*.
- In den *Mondhäusern* finden wir Lebensbereiche, wie wir sie wünschen und ersehnen, wie wir uns das Leben erträumen und ausmalen, nach Empfindungen, Phantasie und Gefühlen. Ich bezeichne sie deshalb als *Hoffnungs-Häuser*.
- Die *Mundanhäuser* teilen das Leben so ein, wie es jene Gesellschaft sieht, in deren Traditionen, Gesetze und Werte wir hineingeboren wurden. Sie bilden einen Rahmen, der sich mit unseren Zielen nicht decken muß. Ich nenne sie *Gesellschafts-Häuser*.

Die vier Begriffe sind nicht dogmatisch gemeint und bitte auch nicht so zu verstehen. Sie sollen als Hilfe zum leichteren Verständnis der unterschiedlichen Haus-Konzepte dienen.

Ein Deutungsbeispiel zur Interpretation nach diesen vier Häusereinteilungen finden Sie auf den folgenden Seiten. Anschließend müssen wir wohl oder übel Klarheit darüber gewinnen, wie wir Häuser – gleich, ob sie mit dem Aszendenten, mit dem Beginn des Tierkreises, mit dem Sonnen- oder mit dem Mondort beginnen – berechnen wollen. Wir kommen dann zum ziemlich komplexen Problem der Häusersysteme.

Ein Deutungsbeispiel

Sehen wir uns das Beispielhoroskop an, welches wir auch in Abbildung 1 herangezogen haben.

Die junge Frau wurde am 22. Oktober 1964 um 11 Uhr 15 in der Nähe von Bonn geboren, also bei etwa 7 Grad 09 Minuten östlicher Länge und 58 Grad 41 Minuten nördlicher Breite. Das Horoskop ist in den Grafiken auf den folgenden Seiten nach drei Häusermethoden erstellt, nach der äqualen Methode, nach Koch und nach Placidus. Wir betrachten das Horoskop nicht insgesamt, sondern nur auszugsweise, und zwar hinsichtlich zweier Ansätze:

1. Welche Unterschiede bringen die drei Häusersysteme mit sich?
2. Welche exemplarischen Aussagen lassen sich für einige Planetenstellungen in den Häusern nach der »vierfachen Häusereinteilung« treffen?

(Die Zeichenstellung der Planeten sowie ihre Aspekte untereinander ziehen wir hier der Übersichtlichkeit halber nicht in Betracht.) Ich werde Ihnen keine fertigen Antworten geben, sondern vielmehr versuchen, die Problematik der Fragestellung deutlich herauszuarbeiten, damit wir die Dringlichkeit, eine klare Einstellung zur Häuserfrage zu gewinnen, wirklich erkennen.

Hier die Planetenstände (einschl. AC und MC) des Horoskops:

AC	13°02 ♐	♃ Jupiter	23°52 ♉
MC	12°48 ♎	♄ Saturn	28°26 ♒
☉ Sonne	29°03 ♎	♅ Uranus	13°19 ♍
☽ Mond	15°34 ♉	♆ Neptun	16°53 ♏
☿ Merkur	3°29 ♏	♇ Pluto	15°29 ♍
♀ Venus	19°22 ♍	☊ Mondknt.	25°43 ♊
♂ Mars	21°59 ♌		

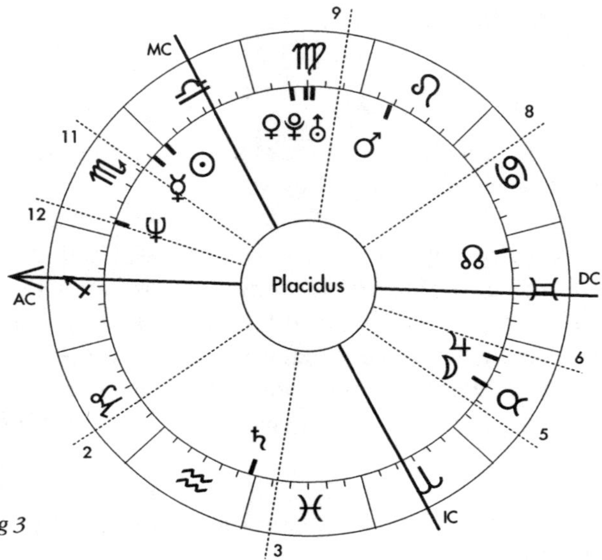

Abbildung 3

Placidus-Häuser: **2** = 20°32 ♑; **3** = 6°11 ♓; **11** = 8°08 ♏; **12** = 27° ♏

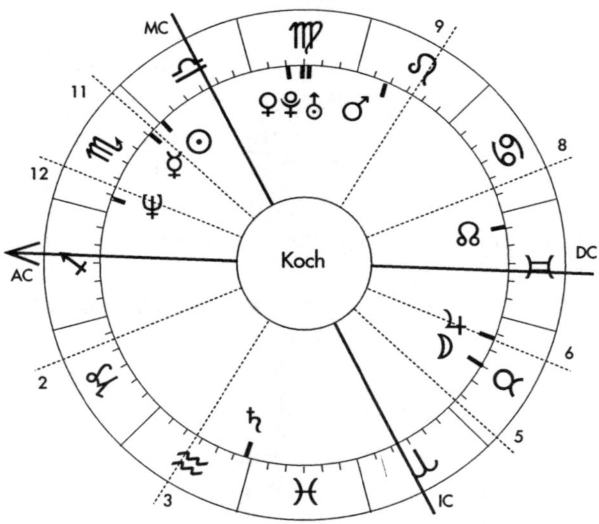

Koch-Häuser: **2** = 7°26 ♑; **3** = 13°38 ♒; **11** = 2°34 ♏; **12** = 22°21 ♏

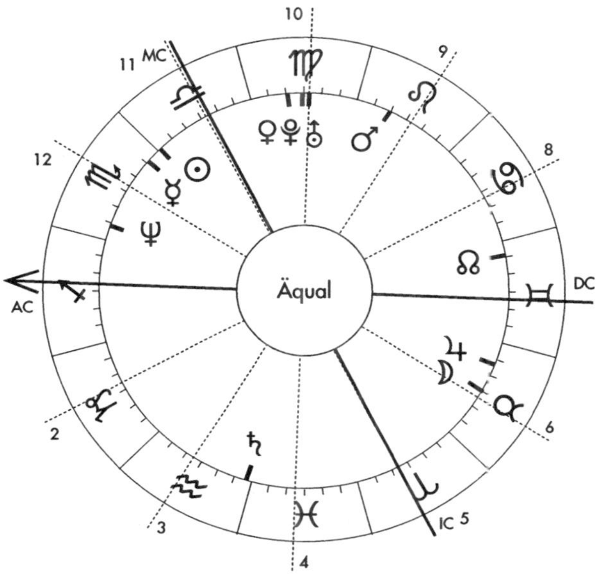

Häuser nach **äqualer Methode**: **2** = 13°02 ♑; **3** = 13°02 ♒; **11** = 13°02 ♎; **12** = 13°02 ♏

UNTERSCHIEDE NACH HÄUSERSYSTEMEN

Saturn:

Nach dem äqualen Häusersystem und nach Koch fällt der Saturn in das 2. Haus, nach Placidus in das 3. Haus.

Falls wir die Häuser nicht als geschlossene »Schubladen«, sondern als offene Energiefelder ansehen: fällt der Saturn nach Placidus dann doch in das 3. Haus, weil er sehr nahe der Häuserspitze steht?

Findet die Prüfung, Grenzsetzung, Vertiefung und die in der Jugend vielleicht als Hemmung empfundene Kraft des symbolischen Saturns im Bereich Nehmen und Geben, Erwerb, Besitz, Werte, Talente etc. statt oder im Alltag, auf dem Feld der Kommunikation, unter Geschwistern und Nachbarn und bei kleineren Reisen?

Mond/Jupiter-Konjunktion

(Mond ist ein »Schnelläufer« und Jupiter ist rückläufig, also können wir, auch wenn wir nur mit einem kleinen Orbis arbeiten, von einer Konjunktion ausgehen):

Nach dem äqualen Häusersystem fällt diese Konjunktion in das 6. Haus, nach Koch gehört der Mond zum 5. und Jupiter zum 6. Haus, nach Placidus fallen beide in das 5. Haus.

Falls wir bei den Kochhäusern Jupiter aufgrund der Konjunktion mit dem Mond noch zum 5. Haus zugehörig werten, unterstellen wir stillschweigend, daß die Häuser Energiefelder und nicht Schubladen sind (was meiner persönlichen Ansicht nach zutrifft; mir geht es jedoch nur darum, daß wir uns immer bewußt sind, was unseren unbewußten, im Stillen getroffenen Annahmen zugrundeliegt!).

Gehören Mond/Jupiter, Psyche und geistige Suche, Emotionalität und Zielstrebigkeit etc. also zum 6. Haus, in den Bereich von Verantwortung, Zusammenarbeit im Team und Gesundheit. Oder in das 5. Haus, in den Bereich von Kreativität, Kindern und Spiel?

Mars:

Nach dem äqualen Häusersystem und nach Koch fällt der Mars in das 9. Haus, nach Placidus in das 8. Haus.

Zeigt er uns also an, daß wir es auf dem Gebiet der geistigen Orientierung, in Religion und Philosophie sowie im Zusammenhang mit dem Ausland mit einem »Marseinfluß« zu tun haben, mit Pioniergeist, Einsatz und Vorwärtsdrang? Oder müssen wir davon ausgehen, daß sich die symbolische Marskraft im 8. Haus bemerkbar macht, also hinsichtlich Erbschaften, Todesfällen, Ich-Krisen, Sterbe- und Werdeprozessen?

Uranus/Pluto/Venus-Konjunktion:

Nach dem äqualen Häusersystem gehört diese Konjunktion eindeutig zum 10. Haus, nach Koch und Placidus genauso klar zum 9. Haus. Wie müssen wir diese Planetenstellung deuten? Beziehen sich die jeweiligen Deutungsanalogien der Planeten auf Beruf, soziale Stellung, äußeren Erfolg, sichtbare Bemühung um Anerkennung und so weiter? Nach Koch würde die folgende Konjunktion, Sonne/Merkur, wohl schon zum 11. Haus zählen, wenn die Häuser keine Schubladen sind, da die Sonne nur dreieinhalb Grad vor der Häuserspitze des 11. Hauses steht und der mit ihr in Konjunktion befindliche Merkur rund ein Grad dahinter. Im Koch-System ist das 10. Haus also entweder gar nicht akzentuiert oder allenfalls ganz schwach, weil am Ende besetzt; nach dem äqualen Häusersystem müßten wir eine eindeutige und starke Akzentuierung des 10. Hauses feststellen. Was »stimmt«? Sollen wir ein geistiges Spagat versuchen und uns bemühen, Argumente dafür zu finden, daß alles gleichermaßen zutrifft?

Deutungen der «vierfachen Häusereinteilung»

Ich gehe dabei für die Aszendentenhäuser nur vom äqualen Häusersystem aus und arbeite außerdem mit den Häusern als dynamische Energiefelder, die sich beiderseits der Häuserspitze erstrecken, nicht als unverrückbare Kästchen. Es folgen wiederum nur wenige Beispiele, keine gesamte Horoskopbetrachtung, weil das den Rahmen sprengen würde.

Das 1. Aszendentenhaus fällt in die Mitte des Zeichens Schütze. Das Ich sieht sein »Rollenspiel« bestimmt vom Wunsch nach einer dynamischen, enthusiastischen und an persönlichen Idealen orientierten Gestaltung des Lebens: »Ich werde es schon schaffen!« Der absteigende Mondknoten gehört wohl noch hierher. Er steht für unwillkürliche Reaktionen auf Menschen und Ereignisse der Umwelt, die durch »alte«, noch nicht gelöste Themen bestimmt sind.

Das 1. Sonnenhaus fällt an das Ende des Zeichens Waage und wirft damit die Frage auf, ob das Zeichen Skorpion ebenfalls dazugehört. Im Unterschied zum sehr aktiven und auch sportlichen 1. Ich-Haus zeigt dieses 1. Schicksals-Haus einerseits eher die Neigung des höheren Bewußtseins an, Ausgleich und Harmonie, Kunst und Verwirklichung von Liebe als seine Qualität und Aufgabe zugleich anzusehen. Andererseits wird die Horoskopinhaberin das Leben sehr kritisch betrachten, wobei die intensive Selbstprüfung noch stärker als die Skepsis gegenüber anderen Menschen ausgeprägt ist.

Das 1. Mondhaus fällt in die Mitte des Zeichens Stier. Die Erfüllung sinnlicher Wünsche, Träume von bequemen Lebensumständen, künstlerische Phantasie spielen für die Gefühle dieses Menschen eine markante Rolle. Jupiter in demselben 1. Hoffnungs-Haus öffnet noch stärker für die Sehnsucht, die positiven Seiten des Lebens zu verwirklichen.

Das 1. Mundanhaus, also das Zeichen Widder, ist nicht unmittelbar besetzt; der Planet Mars sowie der Aszendent werfen ein Trigon darauf; die Opposition der Sonne fällt mit ihrer Position Ende Waage wohl nicht mehr ins Gewicht. Die Lebensumstände, welche symbolisch über dieses 1. Gesellschafts-Haus gedeutet werden, lassen Einsatzbereitschaft, Eigeninitiative, Zielgerichtetheit und klare Wertvorstellungen für die junge Frau zu Qualitäten werden, die sich für sie »lohnen«.

Sehen wir uns nun noch ein Beispiel aus diesem Horoskop an, nämlich die *Konjunktion Uranus/Pluto/Venus* im Hinblick auf ihre Häuserstellung. Diese Konjunktion fällt

1.: in das 10. Aszendentenhaus bzw. Ich-Haus (äquale Häuser),
2.: zwischen das 11. und 12. Sonnen- bzw. Schicksals-Haus,
3.: in das 5. Mondhaus bzw. Hoffnungs-Haus,
4.: in das 6. Mundanhaus bzw. Gesellschafts-Haus.

Das bedeutet meiner Ansicht nach vor allem folgendes:
Unerwartete Begegnungen (und Verabschiedungen) und intuitive Öffnung für Eingebungen aus dem »höheren Selbst« sowie ein stark ausgeprägter Individualismus und Freiheitswille (Uranus), Fragen der persönlichen Durchsetzung gegen kollektive Vorurteile und Umgang mit Massentrends sowie mit überper-

sönlichen karmischen Zusammenhängen (Pluto) und schließlich Streben nach Harmonie und Liebe, nach künstlerischer Entfaltung und dem Schönen im Leben (Venus) bestimmen entscheidend die berufliche Tätigkeit. Diese Zuordnung zum 10. Aszendentenhaus wird unterstrichen durch das 5. Mondhaus, das die Gefühlsausrichtung stark auf kreative Entfaltung lenkt. Dabei mögen die hochfliegenden Träume bisweilen der »Erdung« bedürfen; dafür wird die Kraft des Planetensymbols Saturn im 5. Sonnenhaus dann auch schon sorgen.

Dieselbe Dreifach-Konjunktion fällt aber auch in den Übergang zwischen 11. und 12. Sonnenhaus. Darin finden wir einen Hinweis, daß die oben etwas näher beschriebenen Energien nicht nur auf dem Feld der beruflichen, sozial-sichtbaren Durchsetzung eine Rolle spielen, sondern auch für den Übergang von humanistischen Idealen und Visionen zur innerlichen meditativen Verwirklichung wichtig sind. Auch hier geht es darum, inwieweit der persönliche Drang nach Freiheit (Uranus) mit der Notwendigkeit der tiefgreifenden überpersönlichen Transformation (Pluto) und dem Wunsch nach Einklang und Gleichklang (Venus) für diese Hinwendung nach innen bewußt integriert werden kann.

Für das 6. Mundanhaus (Zeichen Jungfrau) läßt die Besetzung durch diese Dreifach-Konjunktion darauf schließen, daß dieser Mensch – zumindest in der Jugend – unter Wahrung einer äußeren Harmonie in der Arbeit im Team oder gar in untergeordneter Stellung nur schwer wird zurechtkommen können und es stattdessen vorzieht, einen eigenen Weg zu gehen.

Die Konjunktion Uranus/Pluto/Venus hat demnach etwas mit den Häuser- oder Lebensbereichen Beruf, Verinnerlichung, Kreativität und Alltagsroutine zu tun.

Das war ein erster beispielhafter Durchgang anhand einiger weniger Faktoren, wie wir mit der vierfachen Häusereinteilung arbeiten können. Voraussetzung ist und bleibt zu wissen, welches Häusersystem für den jeweiligen Deuter das »richtige« ist.

Die leidige Frage nach dem Häusersystem

Die Frage nach den Häusern ist zweifellos das umstrittendste Thema der gesamten Astrologie. Für die Praxis der Horoskopdeutung ist die Häuserposition eines Planeten – also der Lebensbereich, in dem eine Kraft besonders wirkt – aber zugleich eine der wichtigsten Fragen, womöglich noch wichtiger als die Zeichenposition des Planeten. Es macht für unser Selbstverständnis und unsere Selbstverwirklichung einen großen Unterschied aus, ob ein Planet ins 1. Haus oder ins 12. Haus gehört, ob der Mond im 7. Haus steht oder eigentlich ins 8. Haus fällt.

Über die Berechnungsmethoden von Häusern, ihre Ausdehnung, das Zentrum ihrer Wirksamkeit sowie die Deutung gibt es reichlich Kontroversen. In meinen Seminaren stelle ich immer wieder fest, daß den Menschen regelrecht Lichter aufgehen, wenn sie ihre meist unklaren Häuservorstellungen überprüfen (die überwiegend von ungleichen Häusern ausgehen) und sich mit dem antiken System der sogenannten gleichen Häuser zumindest probeweise beschäftigen.

- Das System der *äqualen* oder *gleichen Häuser* wird nachweislich zum ersten Mal etwa 3000 v. Chr. vom indischen Weisen Parasara erwähnt. Es darf damit als das älteste Häusersystem gelten. Es bemißt zwölf Häuser mit jeweils 30 Grad Ausdehnung, beginnend am Aszendenten.
- In der nicht-indischen Astrologie vor Ptolemäus wurde das Horoskop in *vier großen Abschnitten* berechnet. Zu den ältesten »Aszendententabellen« gehören die *Thebanischen Tafeln* der stündlichen Sternaufgänge aus den Königsgräbern von Bal-el-meluk bei Theben. * Diese sowie andere, später berechnete Tafeln geben den Aufgangs-

* Johannes Vehlow: »Astrologie, Bd. 1«, S. 244 (siehe Literaturhinweise).

und den Kulminationspunkt der Ekliptik an und damit auch die gegenüberliegenden Punkte – also die »vier Ecken« des Horoskops, jedoch keine Zwischenhäuser. Von echten Häusern im heutigen Sinn kann man hier also nicht sprechen!

- Erst *Ptolemäus* (200 n. Chr.) führte ein Häuserspitzensystem ein, in dem der Aszendent nicht die Mitte, sondern den Anfang des 1. Hauses bildete. Dem folgten weitere Häuserspitzen in jeweils 30 Grad Abstand. Ptolemäus wertete einen Orbis oder »Spielraum« von fünf Grad vor der Häuserspitze noch so, daß dort befindliche Planeten bereits zur folgenden Häuserspitze gedeutet wurden. Das äquale Horoskop mit Häuserspitzen war entstanden.
- Die *Campanus-Methode* entstand im 12. Jahrhundert; sie teilt den Großkreis durch den Geburtsort in zwölf gleiche Teile. Vehlow drückt es so aus: der erste Meridiankreis vom Ost-West-Punkt wird in sechs Abschnitte von jeweils 30 Grad eingeteilt; durch die entstehenden Schnittpunkte legte Campanus Kreise, die durch Nord- und Südpunkt gingen. Damit wird der Himmelsraum um die Erde in zwölf gleiche Teile geteilt. Die Teilkreise schneiden den Äquator und die Ekliptik. [*]
- Die *Regiomontanus-Methode* entstand im 15. Jahrhundert aufgrund einer Erfindung des Astronomen und Mathematikers Johann Müller aus Königsberg, genannt Regiomontanus. Seine Methode teilt den Äquator in zwölf gleiche Teile.[*]
- Die *Zenit-Methode*, deren Ursprung unbekannt ist, teilt den Horizont in zwölf gleiche Teile.
- Die *Placidus-Methode* entstand im 17. Jahrhundert; sie drittelt jeweils Halbbögen vom AC aus. Diese Methode versagt in extrem nördlichen bzw. südlichen Breiten.
- Die *Koch-Methode* dreiteilt jeweils Halbbögen vom MC aus, Häuserspitzen sind die Aszendenten dieser Punkte auf dem

[*] A. a. O., S. 246.

Breitengrad des Geburtsorts. Diese Methode versagt ebenfalls in extrem nördlichen bzw. südlichen Breiten.*

- Die *Ebertin-Schule* bzw. die *Kosmobiologie* verwendet bekanntlich überhaupt keine Häuser (und gibt damit meines Erachtens nach ohne Not den Bezug der Planetenkräfte auf konkrete Lebensbereiche aus der Hand), sondern verwendet »Halbsummen« oder, wie es in englisch klarer heißt, »mid-points« zwischen Planeten als zusätzliche Deutungshilfen.

Obwohl man heutzutage weltweit mit zwölf Häusern als symbolischen Lebensbereichen arbeitet, gab es auch Zeiten, in denen nur mit vier Häusern, also den vier Quadranten zwischen AC-DC und Zenit-Nadir respektive MC-IC respektive Zenit und Nadir gearbeitet wurde. Darin drückte sich auch das aus, was wir als die vier Himmelsrichtungen kennen und was sich im Prinzip der indianischen Medizinräder spiegelt.

Eine Zeitlang waren acht Häuser üblich, indem man die vier Quadranten jeweils halbierte und so zu acht Abschnitten gelangte. Das entspricht symbolisch einer weiteren Differenzierung der vier Hauptrichtungen, aus denen nicht nur die Winde unseres Wettergeschehens blasen, sondern auch die Winde des Geistes.

Welches Häusersystem sollen wir wählen, mit welchem sollen wir arbeiten? Mit dem der äqualen, also immer gleichgroßen Häuser, wie es in der Antike üblich war und heute vor allem von Bernd A. Mertz mit guten Argumenten vertreten wird? Vor ihm waren es in Deutschland vor allem Johannes Vehlow, in England Elizabeth Hone und in Nordamerika Carl Payne Tobey, welche den Sinn der äqualen Häuser hervorhoben. Weit verbreitet in den USA sind derzeit jedoch die »Placidus-Häuser« und im deutschsprachigen Raum die »Koch-Häuser«, beides inäquale Systeme, in denen die Häuser also nicht gleich groß sind. Sollen wir mit einem dieser Systeme arbeiten?

---

* Manche Informationen zu diesem Abschnitt stammen aus: The Astrological Association: »Recent Advances in Natal Astrology«. Bromley, Kent, England, 1977.

Immerhin sind sich alle Astrologen einig darin, wie der Aszendent zu berechnen ist und daß der Aszendent die Spitze des 1. Hauses darstellt. (Der Aszendent ist dort, wo der Himmelshorizont und die Ekliptik, also die Ebene der scheinbaren Bahn der Sonne um die Erde, sich im Osten schneiden.)

Lesen wir zunächst einige Kernaussagen von zwei bedeutenden Astrologen unseres Jahrhunderts, von Johannes Vehlow aus Deutschland und Carl Payne Tobey aus den Vereinigten Staaten zum Thema Häuser. Zunächst kommt Vehlow zu Wort:*

»*Ein Horoskop, nach der inäqualen Manier aufgestellt, ist das Ergebnis komplizierter mathematischer Berechnungen, astronomischer Messungen und Himmelsraumeinteilungen. Leider aber hat diese mathematische Figur nichts mehr mit den ursprünglichen Lebenskreisen des »antiken« Horoskops zu tun, wie sie der alten astrologischen Weisheitslehre entsprechen und in der Antike ausschließlich angewandt wurden. Die moderne rationalistische Denkweise und der sich immer mehr ausbreitende Materialismus haben diese Wandlungen zustande gebracht. Die Astrologie, die in ihrem Kern okkulten und mystischen Ursprungs ist, ging den Weg der Verwissenschaftlichung... Damit wurde den Forderungen und dem Geschmack der mehr auf Verstandeswissen basierenden Denkweisen Rechnung getragen und dem Rationalismus Konzessionen gemacht. Immer mehr entfernte man sich von den alten Anschauungen und die wahren Zusammenhänge gerieten immer mehr in Vergessenheit.*« Er fährt fort:

»*Die Natur arbeitet mit den allereinfachsten Gesetzen und diese gelten überall; jedoch der menschliche Unverstand gibt sich die größte Mühe, alles möglichst kompliziert zu machen! Das aber nennt man dann Fortschritt!!!*« **

---

* Johannes Vehlow: »Astrologie, Bd. 1«, S. 215 (siehe Literaturhinweise).
** A. a. O., S. 218.

Vehlow stellt dann noch einmal fest, was ein Horoskop seiner Auffassung nach darstellt, indem er schreibt:

»Wenn wir darüber nachdenken, was eigentlich ein Horoskop ist, so kann es nicht anders sein, als daß unter der Himmelsfigur eines Menschen die graphische Wiedergabe seiner körperlichen, seelischen und geistigen Wesenheit verstanden wird, aus der sein ihm zugehöriges Geschick zu ersehen ist.« *

Dann stellt Vehlow das sogenannte »Welthoroskop« dar (nach Firmicus Maternus, auch »Thema Mundi« genannt). Dort stehen Sonne in 15 Grad Löwe, Mond in 15 Grad Krebs, Saturn in 15 Grad Steinbock, Jupiter in 15 Grad Schütze, Mars in 15 Grad Skorpion, Venus in 15 Grad Waage und Merkur in 15 Grad Jungfrau.

»Die Zeichen, in denen die Planeten stehen, sind zugleich die Häuser dieser Gestirne. Das Zodiakalzeichen Krebs aber als Aufgangszeichen ist als 4. Zeichen auch das 4. Haus, während Widder als 1. Haus oben in Himmelshöhe thront. Überall in dieser Genitur sind die Mitten der Zeichen und somit der Häuser des Mundan-Horoskops von maßgebender Bedeutung! Der Aszendent, der die Stunde = hora oder Horoscopus bedeutet, wurde in die Mitte des Zeichens Krebs verlegt. Von Häuserspitzen (gemeint ist: als Anfang eines Hauses; Anm. d. Verf.) *ist hier nirgends die Rede!«* **

Vehlow leitet aus dieser kurz zitierten und vielen weiteren antiken Quellen sowie aus seiner eigenen langjährigen Erfahrung ab, daß nur die gleichgroßen Häuser nach der äqualen Methode zu brauchbaren Ergebnissen führen.

Carl Payne Tobey war ein sehr ungewöhnlicher Astrologe, der Unklarheiten nicht auf sich beruhen ließ, der sich selbst

* A. a. O., S. 221.
** A. a. O., S. 232.

und andere immer wieder in Frage stellte und der den Dingen hartnäckig auf den Grund ging, auf der Grundlage einer humanistischen Geistesauffassung und einer spirituellen Weltsicht.

Er definierte Astrologie zum Beispiel so: *»Astrologie ist sozusagen nur ein Studium von Geometrie, aber Astrologie zeigt, daß Geometrie einen Sinn hat.«* * Als guter Astronom und Mathematiker wies er immer wieder auf falsche Grundlagen im astrologischen Denken hin, zum Beispiel:

> *»Astrologie und der Tierkreis beruhen nicht auf geographischen Längen- und Breitengraden. Astrologische Zeittafeln (Ephemeriden) beruhen auf Tierkreislängen- und -breitengraden... Breitengradlinien auf dem Tierkreis sind ähnlich wie geographische Breitengrade, aber sie laufen parallel zur Ekliptik anstatt parallel zum Äquator, ein Unterschied von 23 Grad 27 Minuten. Längengradlinien des Tierkreises laufen im rechten Winkel zur Ekliptik anstatt im rechten Winkel zum Äquator...«* **

Der Unterschied zwischen geographischen und tierkreisbezogenen Längen- und Breitengraden spielt eine entscheidende Rolle für die Häuserberechnung. Wie Tobey die Häuser sieht, geht aus dem folgenden umfangreichen, dabei zum Teil gekürzten und leicht bearbeiteten Zitat hervor (aus Kapitel V seines inzwischen leider in den USA vergriffenen Buches). ***

»Das Phänomen der astrologischen Häuser, ein merkwürdiger Begriff, der aus unbekannter Vorzeit auf uns überkommen ist, ist dem Tierkreis ähnlich und beschäftigt sich mit identischen Prinzipien. Allerdings sind die Häuser zu einem bestimmten Zeitpunkt auf die Oberfläche der Erde festgelegt anstatt auf die Punkte der Tagundnachtgleichen und die Sonnenwenden, wie es bei der Festlegung des Tierkreises erfolgt... Für die antike

* C. P. Tobey: »Astrology of Inner Space«, S. 38 (noch nicht auf deutsch erschienen).
** A. a. O., S. 40f.
*** A. a. O., S. 49ff.

Astrologie gab es bei der Berechnung der zwölf Häuser keine Probleme. Die Probleme entstanden ab 600 v. Chr. Ich führe den Begriff »Aszendent« ein, er bedarf einer Erklärung. Er wird oft als der östliche Horizont bezeichnet, was nicht genau ist. Vielmehr ist er ein bestimmter Punkt am östlichen Horizont; jener Punkt, wo die Ekliptik den Horizont kreuzt bzw. schneidet (siehe Abbildung 4). Er kann sich bis zu 23 Grad 27 Minuten nördlich oder südlich des Äquators befinden. Auch variiert er den ganzen Tag über zwischen diesen beiden Extremen.

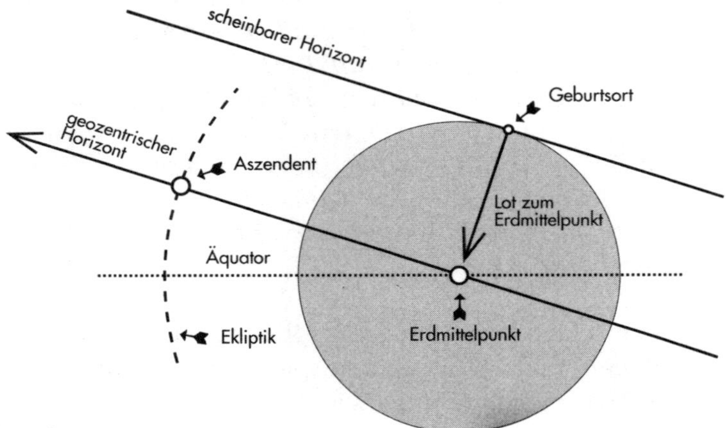

Abbildung 4

Wo der geozentrische Horizont die Ekliptik schneidet, befindet sich der Aszendent.

Der Aszendent ist jener Punkt, der sich auf dem Tierkreis gemessen 90 Grad östlich vom Zenit des Geburtsortes befindet. Der Deszendent ist jener Punkt, der am Tierkreis gemessen 90 Grad westlich des Zenits des Geburtsortes ist. Darüber gibt es unter Astrologen keine Meinungsverschiedenheit. Die gibt es im Hinblick auf die Bezugsebene des Horoskops – und die meisten Astrologen haben darüber noch nie nachgedacht und können Ihnen nicht sagen, welche Bezugsebene ihre Horoskope repräsentieren bzw. in welcher Bezugsebene ihre Horoskope erstellt worden sind. erforschen möchte, aber ich möchte allen Astro-

Die antiken Astrologen unterteilten den Kreis in zwölf gleiche Abschnitte und verwendeten die oben erwähnten (unter Astrologen unumstrittenen) Punkte als Ausgangsbasis ihrer Messungen. Das war die ursprüngliche Astrologie. Ich denke, das ist die korrekte Astrologie, aber ich möchte das nicht dogmatisch vertreten, weil es immer irgendwelche unbekannten Faktoren geben könnte.

Was geschah dann? Warum wurde das alles umgestoßen? Meine gegenwärtige Ansicht ist, daß der Ägyptologe Dr. Livio Catullo Stecchini die beste Antwort haben dürfte. Die frühen Griechen entlehnten ihre Astrologie und ihre Mathematik von den Ägyptern und den Hindus. Stecchini meint, daß die frühen Griechen den Meridian falsch verstanden und falsch deuteten.

Die Ägypter benutzten den Begriff Meridian, wenn sie sich auf den Tierkreismeridian bezogen. Die Griechen meinten, daß es sich um den geographischen Meridian handle. Das spricht den zuvor erwähnten Konflikt zwischen geographischen und am Tierkreis gemessenen Längen- und Breitengraden an. Die Griechen zeichneten ihre Horoskope teilweise aufgrund von Tierkreisgraden und teilweise, indem sie geographische Grad-Berechnungen anwandten. Die Mehrzahl aller Astrologen macht seither weiter immer dasselbe. Ich auch, in den ersten zehn Jahren meiner astrologischen Arbeit, weil ich derselben Fehldeutung unterlag, die viele andere heute noch machen.

Das antike System der Häuserberechnung wird heute äquale Methode oder Zenit-System genannt. Es wurde von einem ungewöhnlichen englischen Astrologen, William J. Tucker, wieder belebt. Ich sage, daß Tucker ungewöhnlich ist, weil er ein Individualist war, dessen Geist eine Art und Weise besaß, Dinge wahrzunehmen, die alle anderen übersehen...

Seit der Fehlinterpretation der frühen Griechen bis heute wurde fast ununterbrochen 2500 Jahre lang von fast allen Astrologen der geographische Meridian als Spitze des 10. Hauses betrachtet. Die Briten brachten dieses System nach Indien und leiteten sogar die Hindus dazu an. Es gab allerdings keine völlige Übereinstimmung zwischen denen, die den geographischen Meridian benutzten. Sie konnten sich nicht auf eine Methode einigen, wie man die restlichen Häuserspitzen berechnen sollte – mit Ausnahme der 4., die der 10. auf dem Tierkreis genau gegenüber liegt. Es gab und gibt viele Berechnungsmethoden für die übrigen Häuserspitzen, aber die Placidus-Methode wurde von der großen Mehrheit (in den anglo-amerikanischen Ländern) übernommen.

Daraus ergibt sich, daß, falls irgendeines der inäqualen Häusersysteme richtig sein sollte, alle anderen falsch sein müssen. Ich habe mit der Placidus-Methode ein Jahrzehnt lang gearbeitet, bevor ich sie beiseite legte. Ich legte sie ab, weil ich feststellte, daß sie nicht funktioniert. Sobald ich aber das (äquale) Zenit-System anwandte, konnte ich Ergebnisse erzielen...

Häusertabellen, die vom geographischen Meridian als 10. Häuserspitze ausgehen, erstrecken sich nie weiter als bis 66 Grad nördlicher Breite. Meine erste Annahme war, das sei so, weil weiter nördlich nicht viele Menschen leben; das war aber nicht der Grund. Astrologen verwenden den Begriff »Himmelsmitte« (= MC, »midheaven« im engl. Original) für den Punkt, an dem der geographische Meridian die Ekliptik schneidet. Dieses Wort gibt es in keinem Lexikon mit Ausnahme astrologischer. Astronomen, die sich mit Astrologie nicht auskennen, haben diesen Begriff nie gehört. Er spielt im System der gleichen oder Zenit-Häuser keine Rolle. Aus Neugier zeichnete ich Diagramme, um festzustellen, was mit den Placidus-Häusern passiert, wenn man jenseits des Polarkreises geht. Das System fällt in sich zusammen. Die Häusertabellen hören bei 66 Grad auf, weil der Polarkreis bei 66 Grad 33 Minuten liegt (siehe Abbildung 5). Wie ich in Kapitel IV nachwies, kann der geographische Norden oberhalb des Polarkreises zum Süden werden, gemessen am Tierkreis, und jeder, der die Placidus-Methode oder irgendein anderes inäquales System benutzt, ist in größten Schwierigkeiten. Der Aszendent und der sogenannte MC können auf ein und denselben Punkt fallen, und es gibt keinen Raum mehr für die 10., 11. und 12. Häuser auf der einen und die 4., 5. und 6. Häuser auf der anderen Seite des Horoskops...

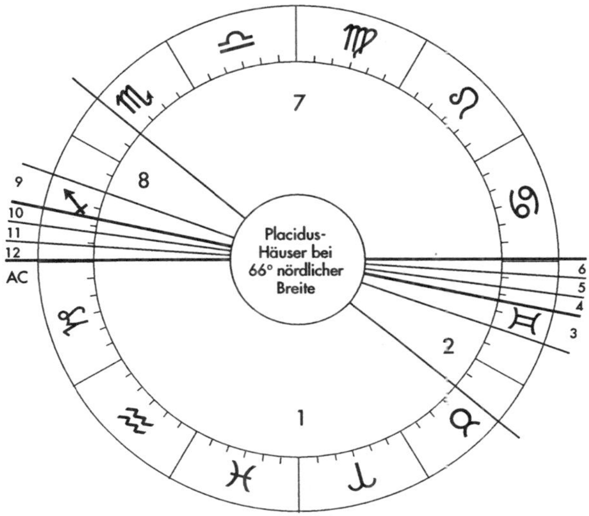

Abbildung 5

Placidus-Häuser bei 66 Grad nördlicher Breite für eine Sternzeit von 17 Stunden, 3 Minuten und 30 Sekunden.
Entweder brauchen wir in solchen Breitengraden eine andere Astrologie, oder die inäqualen Häusersysteme führen zu irrwitzigen Ergebnissen.

Ich persönlich denke nicht, daß es mathematisch vernünftig ist, den Aszendenten anhand von Graden zu lokalisieren, die sich auf den Tierkreis beziehen, und dann die 10. Hausspitze aufgrund von geographischen Graden zu errechnen. Es gibt eine Menge Astrologen, die ich davon nicht überzeugen kann, aber ich glaube nicht, daß sie die mathematischen Prinzipien verstehen... Ich will die Möglichkeit nicht völlig ausschließen, daß es eine andere Art von Astrologie geben könnte, die auf geographischen Gradberechnungen basiert, aber sie müßte sich dann in ihrer Gesamtheit auf geographische Bezugsebenen beziehen...

Ich möchte niemals die Ursache dafür sein, daß ein junger Mensch entmutigt wird, irgend etwas zu untersuchen, was er erforschen möchte, aber ich möchte allen Astrologiestudenten raten, sich an die Zenit-Methode der gleichen Häuser zu halten, außer für Forschungszwecke.

Der (geographische) Geburtsort ist immer an einem bestimmten Grad auf dem Tierkreis zum Zeitpunkt der Geburt. Dieser Grad ist die Spitze des 10. Hauses im System der Zenit- oder äqualen Häuser...

Um Ihnen eine bessere Vorstellung davon zu vermitteln, was der Zenit und der MC sind: Auf halber Strecke zwischen den beiden Punkten des Horizontes, dem Aszendenten und dem Deszendenten, befindet sich der Zenit; der MC dagegen liegt auf halber Strecke zwischen den Punkten, an denen der (irdische) Äquator den astronomischen Horizont berührt (siehe Abbildung 6).

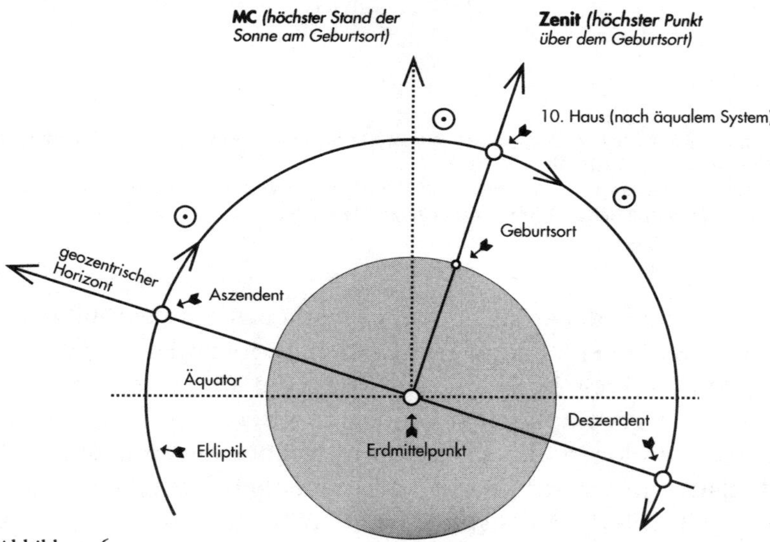

Abbildung 6

Der MC zeigt den Kulminationspunkt der scheinbaren Sonnenbahn bzw. des jeweiligen Höchststandes der Sonne am Mittag, der je nach der Jahreszeit und dem Breitengrad verschieden sein kann. Er sagt nichts über den Zenitpunkt aus, der tatsächlich sichtbar senkrecht über dem Geburtsort ist und eine ganz eigene Bedeutung besitzt. Der Zenitpunkt bildet einen 90-Grad-Winkel zum Aszendenten, und er ist somit auch die Spitze des 10. Hauses.

Falls man Horoskope mit Bezug auf den Äquator erstellen würde anstatt mit Bezug auf die Ekliptik, würde es korrekt sein, die Hälfte der Strecke zwischen diesen Punkten als Markierung zu benutzen. Jedoch werden die beiden Punkte, an denen der Äquator den astronomischen Horizont berührt, in der Astrologie nie verwendet. Ich sehe deshalb nicht ein, warum der Punkt, der die halbe Strecke dazwischen markiert, für eine Astrologie Bedeutung haben sollte, die auf dem Tierkreis und der Ekliptik beruht...

Wenn Sie ein Horoskop erstellen und dabei geographische Gradberechnungen (für die Häuser) benutzen, dann sollten Sie Ephemeriden verwenden, die geographische Direktionen nach der Rektaszension angeben. Solche Messungen erfolgen entlang des Äquators anstatt entlang der Ekliptik. Kein Astrologe denkt je daran, Planetenaspekte anders als (in Tierkreisgraden) entlang der Ekliptik zu berechnen. Für die Alten waren die Häuserspitzen nichts anderes als Aspekte zum Aszendenten, der (unbestritten) entlang der Ekliptik berechnet wird... Mir erscheint es genauso unlogisch zu versuchen, sich in Los Angeles mit einer Straßenkarte von Chicago zurechtzufinden, wie geographische und auf den Tierkreis bezogene Gradberechnungen miteinander zu vermischen...

Ungleiche Häuser kann man sich von keinem Punkt auf der Erde wirklich bildlich vorstellen, weil manche Messungen dieser Methoden sich auf einen bestimmten Punkt auf der Erdoberfläche beziehen, andere Messungen aber andere Orte zum Ausgangspunkt nehmen. Der MC ist das, was Sie sehen könnten, wenn Sie auf dem geographischen Nordpol stünden. Der Aszendent und der Deszendent dagegen sind das, was Sie sehen würden, wenn Sie an einem Punkt des Tierkreis-Nordpols stehen könnten...«

Soweit der redigierte Auszug von Carl Payne Tobey aus »Astrology of Inner Space« (s. a. Anhang).

ZUSAMMENFASSUNG

Noch einmal in anderen Worten, was sich aus den Überlegungen ergibt, die ich beispielhaft anhand von Aussagen bedeutender Astrologen darzustellen versucht habe:

1. Alle Astrologen sind sich darüber einig, wie der Aszendent und somit auch der gegenüberliegende Punkt, der Deszendent, berechnet wird: Wo der Himmelshorizont, bezogen auf den Geburtsort, im Osten die Ekliptik, die scheinbare Sonnenbahn um die Erde, schneidet, ist der »Aszendent«; genau gegenüber im Westen ist der »Deszendent«.
Der Aszendent ist damit jener Punkt auf dem Meßkreis des Tierkreises der Astrologie, der den Horizont des Geburtsortes dieses Meßkreises schneidet.
(Die Tatsache, daß der Horizont geozentrisch berechnet wird, also durch die Erdmitte läuft, und nicht geographisch, also auf die Erdoberfläche bezogen, führt zu einer gewissen »Parallaxenverschiebung«, die in den gebräuchlichen Formen der Astrologie aufgrund nur geringer Abweichungen jedoch vernachlässigt wird.)

2. Alle Astrologen sind sich einig, daß der Aszendent mit dem 1. Haus und der Deszendent mit dem 7. Haus zu tun haben und daß Planeten dicht über dem Aszendenten und nahe unter dem Deszendenten als Konjunktion damit betrachtet werden.
Nicht einig sind sie sich darüber, ob die beiden Punkte der Anfang einer »Häuser-Schublade« oder die ungefähre Mitte eines »Häuser-Energiefeldes« sind.

3. Ebenfalls nicht umstritten ist, daß sich im senkrechten Lot zum jeweiligen Horizont eines Geburtsorts über diesem Ort der Zenit und »unter« diesem Ort, auf der anderen Seite der Erde sozusagen, der Nadir befindet. Zenit und

Nadir stehen in einem 90-Grad-Winkel zur Achse von Aszendent-Deszendent. Im äqualen Häusersystem beziehen sie sich auf das 10. und das 4. Haus.

4. Alle Astrologen sind sich auch darüber einig, wie der sogenannte MC, das *Medium coeli*, definiert wird: Es handelt sich dabei um den Punkt auf der Ekliptik, der scheinbaren Sonnenbahn um die Erde, an dem der Meridian die Ekliptik schneidet. Der IC oder *Imum coeli* liegt im Tierkreis genau gegenüber. Der Meridian ist ein vorgestellter Großkreis, auf dem die Sonne mittags ihren jeweiligen Höchststand oder Kulminationspunkt erreicht.
Achtung: »Höchststand« und »Kulminationspunkt« heißt jedoch nicht, daß dieser Punkt tatsächlich sichtbar direkt senkrecht 90 Grad über dem Geburtsort ist – es sei denn, daß der Geburtsort entlang des Erdäquators liegt. In unseren nördlichen Breiten kulminiert die scheinbare Sonnenbahn im Sommer, und die Sonne erreicht ihren relativen Höchststand im Süden recht hoch am Himmel, aber keineswegs direkt über uns.
Die Gleichsetzung dieses relativen Höchststandes mit einer objektiv vorhanden »Himmelsmitte« über dem Geburtsort, der 90 Grad über dem Horizont liegt, stellt ein historisches Mißverständnis dar. Die große englische Astrologin und Lehrerin Margaret E. Hone schreibt dazu:

In den frühen Tagen der Astrologie befanden sich die Zentren der Astrologie in Ländern, die nahe dem Äquator lagen (Sumer, Chaldäa, Ägypten, Süd-Indien). Deshalb wohl kam dieser Ausdruck von der »Himmelshöhe« oder »Himmelsmitte« (Medium coeli) auf. Dort fallen Zenit (= objektive ortsbezogene Himmelsmitte) und MC (= relativer Kulminationspunkt der Ekliptik) praktisch zusammen. In mittleren Breiten tun sie das nicht! *

* Margarete E. Hone: »The Modern Textbook of Astrology«, S. 110ff.

5. Durchaus große Meinungsverschiedenheiten gibt es in bezug auf die Bedeutung von MC und IC. Vertreter der inäqualen Häusermethoden meinen, daß der MC mit dem 10. Haus und der IC mit dem 4. Haus zu tun haben. Vertreter der äqualen Häuser sehen diesen direkten Bezug auf einen Lebenskreis oder ein Erfahrungsfeld nicht. Für sie hat der MC etwas mit der »Berufung« und der IC etwas mit der »Herkunft« oder dem »Start« zu tun. *

Gibt es eine *conclusio*? Ich meine ja. Wenn Sie noch nicht mit dem System der gleichgroßen Häuser arbeiten, probieren Sie es einfach einmal einige Monate aus. Sprechen Sie, wenn Sie selbst andere Menschen beraten, mit Ihren Klienten ganz offen darüber, ob ein bestimmter Planet oder ein Aspekt mehr Sinn und Aufschluß vermittelt in diesem oder jenem Haus, je nach Methode.

Indes, nicht nur die Methode der Berechnung der Häuser stiftet noch zu oft Verwirrung, sondern auch die Fragen danach, ob Häuser feste »Kästen« oder dynamische »Energiefelder« sind.

* siehe u. a.: Bernd A. Mertz: »Das Grundwissen der Astrologie«. S. 77ff.

Was festzuhalten ist:

Die Berechnung des Aszendenten stützt sich auf den Schnittpunkt des geburtsortbezogenen Horizontes mit dem Tiermeßkreis, ebenso die Feststellung des Zenits, der die tatsächliche subjektive »Himmelshöhe« bezeichnet; die Berechnung des MCs erfolgt auf einer ganz anderen Grundlage, nämlich bezogen auf den Erd-Äquator, nicht auf den Horizont. Die Ebene des Äquators weicht aber oft erheblich von der Ebene der Ekliptik ab, weil die Erde mit ihrer Achse Nordpol-Südpol bekanntlich »schief« im Tierkreis steht.

Warum das 1. und 7. Haus nach einer Methode, das 10. und 4. Haus dann aber nach einer anderen Berechnungmethode festgelegt werden, obwohl sich beide Achsen ja auf die Häusereinteilung des Horoskops beziehen sollen, leuchtet mir überhaupt nicht ein.

Warum die »Zwischenhäuser« zwischen diesen Achsen nach wiederum meist widersprüchlichen zusätzlichen und unterschiedlichen Methoden berechnet werden sollen, leuchtet mir noch weniger ein.

Da es bei allen Häusern um eine Zuordnung der symbolischen Planetenwirkungen auf einen spezifischen Lebensbereich geht, sollte die Bestimmung dieser Lebensbereiche oder Häuser nach einer einzigen Methode erfolgen.

Häuser als »Schubladen« oder als »Energieräume«?

Sind die Häuser oder Felder festumgrenzte Schubladen bzw. Kästen oder Energiefelder bzw. -räume, die sich an den Rändern teilweise sozusagen überlappen? Sind die Planeten wie Besteckteile, die sich nur entweder in der linken oder der rechten Schublade befinden können?

Werten wir zum Beispiel einen Mond, der rechnerisch ein oder zwei Grad vor dem Ende des 11. Hauses steht (gleich, nach welchem Häusersystem), als 11. Haus-Mond, oder beurteilen wir ihn als Mondenergie im Übergang vom 11. zum 12. Haus? Für letzteres würde z. B. folgendes sprechen:

– Der Mond als Schnelläufer tendiert eher zum 12. Haus.
– die Häuser sind von der Genauigkeit der Geburtszeit abhängig. Bereits vier Minuten Geburtszeitverschiebung können die Häuser um ein Grad verändern.
– Wenn ein Planet dicht über dem Aszendenten, also wieder vielleicht ein oder zwei Grad darüber, als »Konjunktion mit dem Aszendenten« gewertet wird und damit als Konjunktion mit dem 1. Haus, dann müßte Ähnliches für einen Mond gelten, der nur ein oder zwei Grad über der Spitze des 12. Hauses steht.

In der spirituellen oder karmischen Astrologie gehen wir davon aus, daß die Häuser keine statisch festgelegten Schubladen sind, bei denen es eine säuberliche Trennung zwischen den einzelnen Abteilungen gibt. Vielmehr betrachten wir die Häuser als dynamische Energiefelder mit gewissen Grauzonen oder Überlappungsbereichen.

Wir finden Analogien zu einer Doppel- oder Mehrfachqualität, vielleicht sogar zu einer veränderlichen Qualität der Hausbezüge zu den Planeten in der modernen Physik. Dort gibt es Modelle, in denen Elektronen – unsere Planeten – unter Umständen aus ihren jeweils »normalen« Bahnen auf eine jeweils nächste Ebene – unsere Häuser – springen können. Durch die Atomphysik sind wir ja auch mit Vorstellungen vertraut geworden, die zunächst nur als absurd oder zumindest paradox aufgefaßt werden konnten. Wie aber soll ein »Etwas« wechselweise Teilchen oder Welle sein können? Warum soll es in der Quantenphysik unmöglich sein, für ein einzelnes Teilchen gleichzeitig zu bestimmen, wo es gerade ist und wie schnell es sich bewegt? Warum soll es dann aber durchaus möglich sein, für eine Vielzahl von Teilchen zu statistisch errechneten konkreten Angaben zu gelangen, die sich in der Wirklichkeit als wahr erwiesen haben? Wie kann der Vorgang der Beobachtung festlegen, ob ein »Etwas« sich als Teilchen oder als Welle manifestiert und wie es sich dann verhält?

Auch in der Astrologie müssen wir wohl beginnen, uns an eine bestimmte Vieldeutigkeit und Wandlungsfähigkeit von Energien und Qualitäten je nach Frageansatz, Untersuchungsmethode und so fort zu gewöhnen. Dabei spielen bei aller Notwendigkeit für systematische und methodische Vorgehensweisen der menschliche Geist, die sensibel integrierte Erfahrung und die kreative Intuition eine sehr wichtige Rolle.

Vor allem, wenn Sie mit inäqualen (ungleichen) Häusern arbeiten, sollten Sie meines Erachtens Planeten, die fast am Ende eines Hauses stehen, auch nach ihrer Aussage in bezug auf das nächste Haus untersuchen.

Die oben angeführten Überlegungen werden Ihnen vermutlich und hoffentlich einigermaßen schlüssig erscheinen. Gehen Sie nun bitte mit mir einen entscheidenden Schritt weiter, zumindest probeweise. Die Häuserfrage ist wirklich komplex, aber wir müssen sie zumindest für uns zufriedenstellend lösen, wenn wir mit Astrologie im Alltag und als Lebenshilfe etwas praktisch anfangen wollen.

In allen drei Astrologierichtungen, der prognostischen, der psychologischen und der esoterischen, müssen wir unbedingt wissen, in welchen Häusern die Planeten stehen. Ohne die zutreffende Häuserposition sind Aussagen über Wirkungen von Planetenkräften in den Lebensbereichen einfach nicht möglich.

Häuserspitzen als Anfang oder als Mitte der Häuser?

Gehen wir also einen Schritt weiter und fragen: Wo ist ein Horoskophaus am »stärksten«? An der Spitze? In der Mitte? Am Ende? Wo ist das »Ende« des Hauses? Der Aszendent ist die Spitze des 1. Hauses – als das wird er von allen Schulen ohne jede Einschränkung anerkannt.

Dieser Aszendent als Häuserspitze ist jedoch »stark« genug, daß ein Planet dicht über dem Aszendenten – vielleicht ein bis zwei Grad bei Langsamläufern, drei bis vier Grad bei den schnelleren Planeten und sogar fünf bis sechs Grad Abstand bei Sonne und Mond – als Konjunktion mit dem 1. Haus und damit mit dem Aszendenten gewertet wird. Auf »mysteriöse« Weise »strahlt« der Einfluß des 1. Hauses also zumindest in diesen Fällen deutlich von der Häuserspitze auf das davorliegende 12. Haus aus und »fängt« die dort stehenden Planeten – falls man Häuser nach dem Schubladenmodell betrachtet – mit seiner Anziehungskraft »ein«.

Der zuvor mehrfach genannte Astrologe Vehlow arbeitete nicht nur mit dem äqualen Häusersystem, sondern kam aufgrund intensiver Forschungen und mancher Ungereimtheiten in der astrologischen Praxis darauf, daß die Häuserspitzen gleichzeitig als Häusermitten anzusehen sind.

Und der ausführlich zitierte Astrologe Tobey schrieb dazu:

> *»Meine eigene empirische Erfahrung zeigt, daß ein Planet keine Bedeutung besitzt, wenn er in der zweiten Haushälfte steht oder 15 Grad von der Hausspitze entfernt. Er ist dann bereits auf dem Weg zur nächsten Hausspitze.«*

Das läuft letztlich auch darauf hinaus, die Häuserspitzen als Häusermitten anzusehen, obwohl Tobey diesen Begriff nicht verwendet.

Wenn Häuser dynamische Energieräume sind und Planeten ebenfalls dynamisch wirkende symbolische Lebenskräfte, so wird auch klar, daß es so etwas wie einen besonders deutlichen Hausbezug vor und nach (oder über und unter bzw. rechts und links) der Spitze eines Hauses geben wird.

Falls Häuser jedoch feste Grenzen haben und unser Planetenbesteck entweder nur in der einen oder der anderen Schublade liegen kann, so ist das gesamte Haus überall in seiner Schublade genauso »stark«. (Falls man das Schubladenmodell als richtig ansieht und gleichzeitig postuliert, die Häusermitte sei irgendwie »stärker« in ihrer Hausbestimmung für die Planeten und die Häuserrandzonen »schwächer«, so hätte sich das Modell einer Teildynamik eingeschlichen.)

Ich erlaube mir wiederum eine Empfehlung: Probieren Sie aus, ob Planeten in der Nähe der Spitze eines Hauses sich ganz charakteristisch und deutlich wahrnehmbar vor allem oder ausschließlich auf dieses eine Haus auswirken und »Randplaneten« sich vielleicht wirklich auf zwei Häuser gleichzeitig beziehen. Ihre eigene Erfahrung wird Ihnen zur Richtschnur werden.

Häuser und Aspekte

Es klang in manchen Überlegungen weiter oben schon an, daß die Häuser und die Aspekte möglicherweise sehr viel miteinander zu tun haben, daß nämlich die Häuser aus den Aspekten oder die Aspekte aus den Häusern entstanden sein mögen. Wer war zuerst da: die Henne oder das Ei? Ich kann das weder aus der Literatur noch intuitiv klären. Fest steht jedoch, daß wichtige Aspekte Winkeln entsprechen, die sich durch eine wohlüberlegte Teilung des Kreises von 360 Grad ergeben und daß Punkte, an denen diese Winkel bezogen auf den Aszendenten genau sind, gleichzeitig Spitzen der elf weiteren Häuser markieren und umgekehrt – allerdings nur im antiken, ursprünglichen System der gleichgroßen Häuser.

⊻ Jeweils ein Halbsextil, also 30 Grad entfernt vom Aszendenten, der Spitze des 1. Hauses, befinden sich die Spitzen des 2. und 12. Hauses.

⚹ Ein Sextil = 60 Grad entfernt finden wir die Spitzen des 3. und 11. Hauses.

□ 90 Grad = ein Quadrat weit in beide Richtungen vom Aszendenten sind die Spitzen des 4. und 10. Hauses.

△ 120 Grad, also ein Trigon entfernt sind die Spitzen des 5. und 9. Hauses.

⊼ Beim Quincunx mit 150 Grad finden wir das Maß, um zur Spitze des 6. und 8. Hauses zu gelangen.

☍ Die Opposition mit 180 Grad führt uns schließlich zum Deszendenten.

Diese Zusammenhänge sollten wir in unseren Deutungen zu den Aspekten und zu den Häusern mitberücksichtigen, um zu sinnvollen Erkenntnissen und vor allem zu einer schlüssigen Synthese der Deutung zu kommen.

7 Die Bedeutung der Häuser

Werten Sie die Häuser systematisch aus nach ihrer Planetenbesetzung, Aspekten, die auf die Häuser fallen und den Zeichenfärbungen. Denken Sie auch daran, daß jedes Haus eine Fortentwicklung und »Antwort« auf das vorangegangene bedeutet. Sagt der Mensch im 1. Haus, sozusagen unmittelbar nach Geburt, »Ich bin«, so heißt es im 2. Haus »Ich habe« und im 3. Haus »Ich denke und spreche«. Steht im 7. Haus die Begegnung mit dem Du im Vordergrund, so folgt im 8. Haus das an »Krisen«, was eine echte Begegnung immer mit sich bringt.

Das 1. Haus

Dieses Haus ist der »Ort des Lebens« und Startposition für diesen Lebenslauf. In ihr ist nach Ansicht von Vehlow die Substanz des ganzen übrigen Horoskops enthalten. Grundgeschick, Persönlichkeit, körperliche und geistige Anlagen, Vitalität, Ich, Selbstbild, Rollenspiel, Selbstdarstellung nach außen, Egozentrik, Art der Umweltwahrnehmung, Gegenwart, die Anlagen des Menschen und Identifikationsprozesse sind weitere Stichworte.

KARMISCHE AUFGABE z. B.: *Unterscheidungskraft entwickeln, um zwischen spontanen Regungen des Ichs und sei-*

ner Gemüts- und Sinneswünsche und tieferliegenden, notwendigen Anliegen der Persönlichkeit differenzieren zu können; dementsprechend dann die Kraft des Optimismus und impulsive Energien gezielt einsetzen.

Das 2. Haus

Hier ist der Bereich der Werte und Substanzen. Dazu gehört sowohl die innere Einstellung zu geistigen und materiellen Gaben als auch der äußere Einsatz dafür. Streben nach Sicherung der materiellen Basis, verfügbare Mittel dazu, Streben nach weltlichen und geistigen Werten, Besitz sowie der Vorgang des Gebens und Nehmens. Geld und Finanzangelegenheiten, stärkste Besitzwünsche, Talente und Fähigkeiten sind weitere Schlüsselbegriffe.

Karmische Aufgabe z. B.: *Wesentliche Werte erkennen und spirituelle Substanz sammeln bzw. finden. Bei jedem Vorgang von Geben und Nehmen an die möglichen karmischen Folgen denken und soweit als möglich das Gemeinwohl aller Beteiligten im Auge behalten.*

Das 3. Haus

Kontaktaufnahme mit der Umwelt, Austausch von Gedanken, Kommunikation und Mitteilungen allgemein, daher auch Begreifen, Wissen und Sprache werden diesem Haus zugeordnet. Weiterhin Beziehungen zu Nachbarn und Geschwistern, Gemeinschaft im Alltag, Vielseitigkeit von Interessen, Korrespondenz, kurze Reisen; auch der auf die konkrete Wirklichkeit gerichtete Verstand und Bewußtwerdung des eigenen Verhältnisses zu Werten und Substanz.

Karmische Aufgabe z. B.: *Bewußtheit gewinnen und bewahren, was in der Kommunikation notwendig, liebevoll und wahrhaftig ist und sich darum bemühen, alles andere nach und nach beiseite zu lassen.*

Das 4. Haus

Ursprung und Herkunft im geistigen, gesellschaftlichen und familiären Sinne. Das kollektive Erbe, die Mutter, »Wir«, Tradition, Vergangenheit, Systeme der Sicherung. Privatbereich, Rückzug sowie Lebensabend. Erdverbundener Besitz wie Haus- und Grundbesitz, auch Bodenschätze und die äußere oder innere Heimat gehören hierhin. Urvertrauen und Innenleben sowie die geistigen Grundlagen des Menschen, z. B. die Tiefen der Psyche, das kollektive Unbewußte oder die Quelle des Seelenbewußtseins.

Karmische Aufgabe z. B.: *Der Prozeß der persönlichen Integration sollte bewußt erkannt und durchlebt werden. Es geht darum, auch außerhalb der bereits vertrauten und als sicher erfahrenen Bereiche und jenseits der bereits erworbenen Fähigkeiten Neuland zu betreten und sich für weitere Herausforderungen zu öffnen.*

Das 5. Haus

Entfaltung des Selbstbewußtseins und des Eigenwillens, der Kreativität und der Lebensfreude. Damit auch des Trieblebens – deshalb wohl die Gleichsetzung des 5. Hauses zu Erotik, romantischer Liebe und Liebesaffären. Traditionell werden Kinder dem 5. Haus zugeordnet. (Beiden Entsprechungen – Triebleben und Kinder – kann ich nur schwer folgen. In einem Venus- und/oder Mond-betonten Abschnitt scheinen sie mir treffender zugeordnet zu sein.) Spiel, Freizeit und Hobbys sowie Glücksspiel und Spekulation gelten ebenso als dem 5. Haus zugehörig.

Karmische Aufgabe z. B.: *Es gilt, den inneren Drang nach schöpferischem Ausdruck in angemessene Bahnen zu lenken. Dazu braucht es Bewußtwerdung, für welche kreative Form von Selbstverwirklichung Talente schon angelegt sind und was den Kräften des Horoskopinhabers zur eigenständigen Gestaltung offen ist.*

Das 6. Haus

Arbeit und das gesamte Umfeld einschließlich Beziehungen zu Kollegen, Vorgesetzen, Untergebenen und zu eigenen Angestellten entsprechen diesem Haus. Gesundheit – und damit auch die Ernährung bzw. Ernährungsfehler! – ist eine weitere wichtige Entsprechung. Der dritte große Bereich, den das 6. Haus symbolisiert, ist jede Form von Dienst und die innere Haltung: Dienen als Lebenseinstellung.

Karmische Aufgabe z. B.: *Körperliche und seelische Prüfungen zwingen zu Besinnung, Selbstbetrachtung, Analyse und (Selbst-)Kritik. Der schöpferische Ausdruck des Eigenwillens stößt an Grenzen, die man sich zuerst suchen sollte. Perfektionswunsch und Notwendigkeit zur toleranten Anpassung müssen ins Gleichgewicht gebracht werden.*

Das 7. Haus

Partnerschaft, Bindung an ein Du – in Ehe oder auch im Beruf. Suche nach Ergänzung, Begegnungen, Verbindungen, Verträge. Bewußtwerdung des anderen und seiner Wünsche, Bedürfnisse, Eigenarten etc. und vielfältiger sozialer Austausch mit dem anderen.

Karmische Aufgabe z. B.: *Überprüfung von Sinns- und Zukunftsperspektiven von Partnerschaften: welche Projektio-*

nen spielen eine Rolle in der Verbindungen, und welche Motive bestimmen die beiden Partner? Entwickelt sich aus Anpassungsbereitschaft Abhängigkeit, gibt es einseitige Bindungen?

DAS 8. HAUS

Tod und Wiedergeburt, Verlust, Art der Verluste und Selbsterneuerung, Regeneration, Partnerprüfungen und Transformation sind wichtige Stichworte zum 8. Haus. Hierher gehört auch Erbe und das Geld von Partnern sowie Investitionen (als »Gegenüber« des 2. Hauses). Die Auseinandersetzung über eine neue Wertbestimmung und gesellschaftskritisches Engagement sind weitere Aspekte; ebenso Sexualität und Machtstreben.

KARMISCHE AUFGABE z. B.: *Glücklich, wer schmerzhafte Veränderungen als seelische Lösung und Ego-Reinigung verstehen kann. Wir müssen lernen, daß das ganze Leben eine Folge von Sterbe- und Werdeprozessen darstellt, in deren Verlauf unsere Aufgabe darin besteht, das herauszufinden, was nicht stirbt, was sich nicht verändert, was nicht wiedergeboren wird, sondern immer das Eine ist und bleibt. Die berühmte Suchfrage »Wer bin ich?« stellt für viele ebenso eine Hilfe dar wie die Licht- und Tonmeditation (siehe »Innere Astrologie«, S. 220).*

DAS 9. HAUS

Bewußtseinserweiterung, Suche nach neuen Horizonten und philosophisch-religiöse Interessen, die sich entweder spirituell (= in eigener Erfahrung) oder dogmatisch (= in der Übernahme von Gesetzen) äußern können. Traditionell steht das 9. Haus auch für Fernreisen und alle Gebiete von Recht und Gesetz. Außerdem für große Projektvorhaben, weitgespannte Pläne und Austausch über viele Grenzen hinweg.

Karmische Aufgabe z. B.: Die *Suche nach Wahrheit, nach höheren Zielen, nach wirklichem Sinn sollte nicht durch Sitte und Vorstellungen bestimmt werden, sondern auf eigenen Erfahrungen im Leben, Dienen, Schaffen und Meditieren bestehen.*

Das 10. Haus

Beruf und Berufung, Verantwortung in der Gesellschaft, Karriere und Kompetenz, das öffentliche Auftreten und Autorität, Selbstverwirklichung und Durchsetzung im Rahmen der Gesellschaft. Ruf, Ruhm und soziale Anerkennung (bzw. deren Mangel). Der Vater; äußere Sicherheiten.

Karmische Aufgabe z. B.: *Bewußte eigene Definition von »Erfolg«; Erfolg als Zeichen der eigenen Kraft, gestaltend in der Welt zu wirken. Wo ist meine gesellschaftliche Lebensaufgabe, was ist Kern meiner persönlichen Identität?*

Das 11. Haus

Hoffnungen und Ideale (auch Illusionen) über materiellen Erfolg und unmittelbare Anerkennung hinaus, Visionen eines besseren Lebens in einer besseren Gesellschaft. Die Begegnung mit Freunden und Gleichgesinnten sowie Gemeinschaften. Die persönliche Freiheit im Rahmen einer offenen Entwicklung; schicksalhafte Geschenke.

Karmische Aufgabe z. B.: *Es geht darum, eine andere, neue Selbstsicherheit zu erwerben, die sich nicht (mehr) auf beruflichen bzw. finanziellen Erfolg oder gesellschaftliches Prestige stützt, sondern auf Werten beruht, die über die persönliche Durchsetzung hinausgehen. Bei allen sozialen Enga-*

gements gilt es, die legitimen eigenen Bedürfnisse nicht über Bord zu werfen.

DAS 12. HAUS

Aufruf des Schicksals, sich zum Wesentlichen zu wenden, Bilanz ziehen. Verborgenes, Innenleben, Mystik, Grenzauflösung. Ausrichtung auf die Zukunft. Die überlieferte Entsprechung zu Feinden, Gefängnis und sonstiger Isolation wie Krankenhaus etc. kann ich nicht nachvollziehen. »Schatten« und Behinderungen durch ungelöste karmische Themen wären wohl eher zutreffend.

KARMISCHE AUFGABE z. B.: *Abschluß eines alten Zyklus durch Rückschau und Innenschau und Vorbereitung auf einen neuen Abschnitt. Die Sehnsucht nach Erlösung von der Welt erfordert eine entsprechende Höherentwicklung des Bewußtseins.*

Die nachfolgenden Differenzierungen nach der vierfachen Häusereinteilung sind bitte zusätzlich zu diesen Deutungshinweisen aufzufassen und nicht etwa als alleinstehende und allein gültige Interpretationen zu verstehen. Auch bei der Anwendung dieser differenzierten Häusereinteilungen sollten Sie auf Planetenbesetzung, Aspektbildung und Zeichenfärbung achten.

AC Aszendenten-Häuser: Die Ich-Felder

Das 1. Aszendenten-Haus

Spontaner Willensausdruck, impulsive Aktionen, unbewußte Verhaltensmuster; Rollenspiele gegenüber der Umwelt; die »Maske« der Persona.

Das 2. Aszendenten-Haus

Persönliche Einstellung zum Austausch von Geben und Nehmen; Suche nach Substanz; Bereich der »Wertschöpfung« aller Art.

Das 3. Aszendenten-Haus

Umgangsformen im Alltag; Kommunikationsgewohnheiten; typische Aktions- und Reaktionsmuster auf wiederkehrende Anforderungen.

Das 4. Aszendenten-Haus

Unbewußte Anziehung von bestimmten Haus-, Heim- und Familiensituationen; Suche nach sicheren materiellen und geistigen Wurzeln.

Das 5. Aszendenten-Haus

Natürlicher Ausdruck des kreativen Potentials; Bereiche, in denen Lebensfreude erfahren wird.

Das 6. Aszendenten-Haus

Subjektive Einstellung zur Arbeit als lebenslange Verpflichtung und als Dienst am Nächsten und der Gesellschaft.

DAS 7. ASZENDENTEN-HAUS

Erwartungshaltungen in bezug auf persönliche Partner; Ich-Projektionen auf den Partner oder die Partnerschaft.

DAS 8. ASZENDENTEN-HAUS

Allgemeinmenschliche Überlebens-, Krisen-, Ego- und Todesängste; instinktive Reaktionsweisen auf Verlusterfahrungen.

DAS 9. ASZENDENTEN-HAUS

Grenzüberschreitungen weltlicher und ideeller Räume und Werte; Zielvorgaben zur Überwindung von Krisen.

DAS 10. ASZENDENTEN-HAUS

Bühne der Selbstdarstellung in Gesellschaft bzw. sozialer Umgebung; außen sichtbare und erfolgreiche Selbstverwirklichung.

DAS 11. ASZENDENTEN-HAUS

Öffnung für überpersönliche Ideale und Ziele; Bereitschaft zur Zusammenarbeit in der Gruppe ohne konkrete Ich-Ziele.

DAS 12. ASZENDENTEN-HAUS

Sorgen um Selbsterhalt über materielle Notwendigkeiten und gesellschaftliche Normen hinaus; Bereich, in dem Konflikte zwischen Ich und Selbst gelöst werden müssen.

☉ Sonnen-Häuser: Die Schicksals-Felder

Das 1. Sonnen-Haus

Hauptthema und wichtigster Bereich für die Selbstbestätigung im Rahmen des karmischen Plans für das gegenwärtig anstehende Leben.

Das 2. Sonnen-Haus

Der Raum, in dem sich der Horoskopinhaber durch Anwendung von Fähigkeiten und Erwerb und Austausch von Werten Substanz erwirbt.

Das 3. Sonnen-Haus

Bereich, in dem sich zeigt, wie der Horoskopinhaber seine ganze Persönlichkeit in die Kommunikation mit der Umwelt einbringt.

Das 4. Sonnen-Haus

Ebene der unsichtbaren Stabilität, die auf familiärer Einbindung oder materieller Sicherheit, auf Öffnung für die Fülle psychischer Innenwelten oder der Gewißheit geistiger Wahrheiten beruhen kann.

Das 5. Sonnen-Haus

Hier kann sich die kreative Kraft voller Enthusiasmus entfalten und vermag andere mit ihrem Schwung mitzureißen.

Das 6. Sonnen-Haus

Bereich der Verantwortung, in dem der eigene Lebensplan und soziale Verpflichtungen miteinander verbunden werden sollen.

Das 7. Sonnen-Haus

In diesem Energiefeld erkennt die Persönlichkeit ihr karmisches Gegenüber und läßt sich auf einen gegenseitigen Energieaustausch ein.

Das 8. Sonnen-Haus

Hier erfolgen Selbstwert-Krisen und werden nicht mehr lebendige Formen sowie nicht mehr funktionierende Verhaltensmuster grundlegend in Frage gestellt.

Das 9. Sonnen-Haus

Nach dem Bruch oder der Auflösung überholter psychischer oder materieller Strukturen erscheint in diesem Haus das neue Licht, das einen neuen Weg weisen kann.

Das 10. Sonnen-Haus

Weltlicher Bereich, in dem sich die aktiv eingesetzte schöpferische Kraft äußerlich erfolgreich und sinnvoll in der Gesellschaft verwirklichen kann.

Das 11. Sonnen-Haus

Ebene der Visionen geistiger Kräfte, die sich in Zusammenarbeit mit anderen zum Nutzen der Menschheit manifestieren lassen.

Das 12. Sonnen-Haus

Aufforderung zur Besinnung und zur bewußten Verinnerlichung über äußere Räume hinaus in geistige Dimensionen.

☽ Mond-Häuser: Die Hoffnungs-Felder

Das 1. Mond-Haus

Wie man gern von der Welt gesehen werden möchte; wie man glaubt, sich selbst der Welt darzustellen.

Das 2. Mond-Haus

Geld und Besitz, Werte und Talente – gesehen durch die rosarote Brille der eigenen Vorstellung oder mit dem richtigen Gespür für den Rhythmus von Geben und Empfangen.

Das 3. Mond-Haus

Ausdrucksformen im Alltag, die mehr vom fließenden Gefühl als vom rationalen Verstand bestimmt sind.

Das 4. Mond-Haus

Sehnsucht nach einer festen Grundlage im Leben; äußerlich nach Heim, Haus und Grundbesitz, innerlich nach nie versiegender Zuversicht und Lebensmut.

Das 5. Mond-Haus

Bereich, in dem sich spontane Lebenslust unmittelbar ausdrückt und ein noch ungenutztes kreatives Wunschpotential liegt.

Das 6. Mond-Haus

Wunschvorstellungen über Inhalt und Form der Arbeit und Umgang mit Kollegen, Vorgesetzten und Untergebenen.

DAS 7. MOND-HAUS

Prinz- und Prinzessinnen-Bilder; Hoffnungen, durch Partnerschaft Erfüllung zu finden; Hingabebereitschaft in der Partnerschaft.

DAS 8. MOND-HAUS

Verletzlichkeit durch Krisen; Einfühlungsvermögen in oder emotionale Identifikation mit den Leiden anderer Menschen.

DAS 9. MOND-HAUS

Inspiration aus überpersönlichen, über Verstand und Sinne hinausgehenden Dimensionen zur neuen Orientierung.

DAS 10. MOND-HAUS

Bereich, in dem sich persönliche Erfolgswünsche und -phantasien mit Gesellschaftstrends und Neigungen des Umfelds decken.

DAS 11. MOND-HAUS

Hoffnungen auf und Visionen von Möglichkeiten der überpersönlichen Sinnfindung und Lebenserfüllung in Gemeinschaft mit anderen.

DAS 12. MOND-HAUS

Empfänglichkeit für kosmische Energien; Sehnsucht nach Ewigkeit; Verführbarkeit durch illusionäre Phantasien.

MUNDAN-HÄUSER: DIE GESELLSCHAFTS-FELDER

DAS 1. MUNDAN-HAUS

Selbstbild und Ich-Ausdruck entsprechend den Traditionen und Erwartungen der Gesellschaft, in die man hineingeboren wurde.

DAS 2. MUNDAN-HAUS

Soziale Vorstellungen über Einschätzung von und Umgang mit Werten; traditionelle Wegweisungen zum Gebrauch von Talenten und Erwerb von Besitz.

DAS 3. MUNDAN-HAUS

Anpassung an allgemein akzeptierte Verhaltensregeln und Kommunikationsformen.

DAS 4. MUNDAN-HAUS

Gesellschaftlich bedingte Vorbilder in bezug auf Lebensgrundlagen und Lebensführung, Sitte und Familiensinn.

DAS 5. MUNDAN-HAUS

Sozial akzeptierte Ausdrucksformen für Kreativität und Lebensfreude.

DAS 6. MUNDAN-HAUS

Erwartungen der jeweiligen Umgebung in bezug auf Einstellung zu Arbeit und Einbindung in gesellschaftliche Aktivitäten.

DAS 7. MUNDAN-HAUS

Gesellschaftlich bzw. sozial geprägte Muster über Partnerschaft, denen man sich je nach Bewußtheitsgrad mehr oder weniger verpflichtet fühlt.

DAS 8. MUNDAN-HAUS

Traditionelle Reaktionsweisen auf Krisen und Verluste; Einstellungen zum kollektiven materiellen und geistigen Erbe.

DAS 9. MUNDAN-HAUS

Umgang mit etablierten Idealen und Riten, die über das kleine Ich hinaus und zu einer größeren Wirklichkeit führen sollen.

DAS 10. MUNDAN-HAUS

Vorgezeichnete Wege und anerkannte Ziele, um sozialen Erfolg zu erlangen.

DAS 11. MUNDAN-HAUS

Erhöhung des persönlichen Erfolgs und neue Identität durch soziales Engagement, das auf öffentliche Anerkennung rechnen darf.

DAS 12. MUNDAN-HAUS

Umgang mit den gesellschaftlich üblichen Vorstellungen zu Selbstverwirklichung und Lebenssinn.

8 Die zwölf Tierkreiszeichen

Vorschläge zur Feinabstimmung unseres Meßkreises

Die zwölf Zeichen des sogenannten Tierkreises versinnbildlichen, wie diese Kräfte durch universelle bzw. kollektive Prägungen »gefärbt« werden. Der »Tierkreis« ist in der Astrologie einzig und allein ein symbolischer Meßkreis. Kein Astrologe hält die Sternbilder gleichen Namens für identisch mit dem astrologischen Kreis der zwölf Zeichen.

Während sich die zwölf Sternbilder von der Erde aus gesehen langsam in ihrer Position am Himmelsrund verschieben, bleiben die zwölf Zeichen des symbolischen Meßkreises immer gleich. Im übrigen umfassen die in der Astrologie verwendeten symbolischen Zeichen jeweils genau 30 Grad und bilden so den Horoskopkreis von 360 Grad. In ihrer Größe am Abendhimmel sind die Sternbilder – zu »Bildern« werden bestimmte Gruppen von Fixsternen ja erst durch unsere Vorstellung; die einzelnen Sterne liegen Lichtjahre auseinander und haben nichts miteinander zu tun – verschieden, zwischen 21 Grad beim Krebs und 46 Grad bei der Jungfrau.

Im deutschen Sprachraum haben vor allem der Astrologe und Mythenforscher Bernd A. Mertz und die verstorbenen Astrologen Johannes Vehlow und Thomas Ring auf diese Tatsache aufmerksam gemacht.

Zur Erinnerung:

- Zehn Planeten symbolisieren in der Astrologie lebendige Kräfte und Funktionsprinzipien im individuellen Menschen.

- Zwölf Zeichen des sogenannten Tierkreises zeigen, wie diese Kräfte durch universelle bzw. kollektive Prägungen »gefärbt« werden.

- Zwölf Häuser versinnbildlichen, in welchen konkreten Bereichen des Lebens sich die Kräfte ausdrücken.

- Aspekte zwischen den Planeten weisen darauf hin, wie die Kräfte aufeinander wirken bzw. welche Beziehungen sie miteinander eingehen.

- Zusätzliche rechnerische Punkte (Schnittpunkte von Planetenbahnen, Horoskopachsen wie z. B. Aszendent-Deszendent bzw. gedachte Punkte) machen weitere Differenzierungen möglich.

Kurz gesagt: *Planeten* sind das »Was« im Leben. *Zeichen* sind das »Wie« im Leben. *Häuser* sind das »Wo« im Leben. *Aspekte* sind das »Wie« zwischen zwei oder mehr »Was«. Die Gesetze, welche den Himmel dort oben, den Makrokosmos der Gestirne, bestimmen, sind grundsätzlich dieselben, welche hier unten den Menschen, den Mikrokosmos, bestimmen.

Auf die den Zeichen zugrunde liegende Symbolik und die vielfachen Deutungsmöglichkeiten kann ich in diesem Buch nicht eingehen. Das ist in zahlreichen anderen Werken nachzulesen. Ich gehe hier vielmehr auf Differenzierungen der zwölf Zeichen ein, denen häufig nicht genügend Beachtung geschenkt wird.

Die Differenzierung der drei Dekanate

Die Gliederung der 30-Grad-Abschnitte der Zeichen des symbolischen Tierkreises in drei »Dekanate«, also Unterabschnitte von jeweils 10 Grad, hilft, besser zu verstehen, warum z. B. Mars im Krebs nicht gleich Mars im Krebs ist. Das »Wie« der Planetenkräfte wirkt sich nicht nur durch das Zeichen allgemein, sondern speziell auch durch die »Färbung« des jeweiligen Zeichenabschnitts aus, in dem sich der betreffende Planet befindet.

Halten wir uns zunächst vor Augen, daß unter den zwölf Tierkreiszeichen vier Elemente vertreten sind, nämlich

- *Feuer* – Kraft, *Erde* – Beharrung,
- *Luft* – Austausch, *Wasser* – Anpassung.

- ➤ *Widder, Löwe* und *Schütze* sind Feuerzeichen. Ihre jeweiligen »Planetenherrscher« sind Mars, Sonne und Jupiter.
- ➤ *Stier, Jungfrau* und *Steinbock* zählen zu den Erdzeichen; ihre Herrscher sind Venus, Merkur und Saturn.
- ➤ *Zwillinge, Waage* und *Wassermann* sind Luftzeichen. Sie werden jeweils von Merkur, Venus und Uranus beherrscht.
- ➤ *Krebs, Skorpion* und *Fische* sind Wasserzeichen, die jeweils von Mond, Pluto und Neptun regiert werden.

- *Das 1. Dekanat* eines Zeichens – also von 1 bis 10 Grad – wird vom »Planeten-Herrscher« dieses Zeichens bestimmt.

- *Das 2. Dekanat* – von 10 bis 20 Grad – wird vom Planetenherrscher des nächsten Zeichens in der jeweiligen Elemente-Dreiheit beeinflußt.
- *Das 3. Dekanat* – von 20 bis 30 Grad – wird vom Planetenherrscher des dritten Zeichens der jeweiligen Elemente-Dreiheit »regiert«. Es ergibt sich folgende Übersicht:

♈ *Widder*
1. 1° – 10° ➤ ♂ Marskraft wirkt in diesem Abschnitt.
2. 10° – 20° ➤ ☉ Sonnenkraft ist hier spürbar.
3. 20° – 30° ➤ ♃ Jupiterkraft beeinflußt diesen Abschnitt.

♉ *Stier*
1. 1° – 10° ➤ ♀ Die Venuskraft ist deutlich ausgeprägt.
2. 10° – 20° ➤ ☿ Die Merkurkraft ist stark.
3. 20° – 30° ➤ ♄ Hier macht sich Saturnkraft bemerkbar.

♊ *Zwillinge*
1. 1° – 10° ➤ ☿ Die Merkurkraft ist stark.
2. 10° – 20° ➤ ♀ Die Venuskraft herrscht vor.
3. 20° – 30° ➤ ⛢ Die Uranuskraft ist ausgeprägt.

♋ *Krebs*
1. 1° – 10° ➤ ☽ Die Mondkraft ist spürbar.
2. 10° – 20° ➤ ♇ Hier überwiegt die Plutokraft.
3. 20° – 30° ➤ ♆ Einfluß durch die Neptunkraft.

♌ *Löwe*
1. 1° – 10° ➤ ☉ Die Sonnenkraft wirkt hier besonders.
2. 10° – 20° ➤ ♃ Die Jupiterkraft macht sich bemerkbar.
3. 20° – 30° ➤ ♂ Die Marskraft wird hier spürbar.

♍ *Jungfrau*
1. 1° – 10° ➤ ☿ Deutlicher Vorrang von Merkurkraft.
2. 10° – 20° ➤ ♄ Merklicher Einfluß von Saturnkraft.
3. 20° – 30° ➤ ♀ Spürbare Wirkung von Venuskraft.

♎	*Waage*		
1.	1° – 10° ➤	♀	In diesem Abschnitt wirkt Venuskraft.
2.	10° – 20° ➤	⛢	Hier herrscht Uranuskraft vor.
3.	20° – 30° ➤	☿	Die Merkurkraft ist deutlich.
♏	*Skorpion*		
1.	1° – 10° ➤	♇	Einfluß durch Plutokraft.
2.	10° – 20° ➤	♆	Vorrang von Neptunkraft.
3.	20° – 30° ➤	☽	Wirkung von Mondkraft.
♐	*Schütze*		
1.	1° – 10° ➤	♃	Hier macht sich Jupiterkraft bemerkbar.
2.	10° – 20° ➤	♂	In diesem Abschnitt herrscht Marskraft.
3.	20° – 30° ➤	☉	Sonnenkraft wirkt hier spürbar.
♑	*Steinbock*		
1.	1° – 10° ➤	♄	Saturnkraft regiert diesen Abschnitt.
2.	10° – 20° ➤	♀	Hier überwiegt Venuskraft.
3.	20° – 30° ➤	☿	In diesem Abschnitt herrscht Merkurkraft.
♒	*Wassermann*		
1.	1° – 10° ➤	⛢	Uranuskraft regiert in diesem Dekanat.
2.	10° – 20° ➤	☿	Merkurkraft wirkt auf dieses Dekanat.
3.	20° – 30° ➤	♀	Venuskraft herrscht hier vor.
♓	*Fische*		
1.	1° – 10° ➤	♆	Neptunkraft hat Vorrang.
2.	10° – 20° ➤	☽	Hier wirkt sich Mondkraft aus.
3.	20° – 30° ➤	♇	Plutokraft wird spürbar.

An zwei Beispielen im Telegrammstil möchte ich Ihnen zeigen, wie sich die Berücksichtigung der Planetenkräfte, die in besonderer Weise auf ein bestimmtes Dekanat eines Zeichens wirken, in der Deutung niederschlagen könnte.

Mars im 1. Dekanat Krebs – Energie und Gefühlskraft (☽)
Mars im 2. Dekanat Krebs – Energie und Machtstreben (♇)
Mars im 3. Dekanat Krebs – Energie und Verschmelzung (♆)

Mond im 1. Dekanat Steinbock – Gefühl und Prüfung (♄)
Mond im 2. Dekanat Steinbock – Gefühl und Harmoniestreben (☽)
Mond im 3. Dekanat Steinbock – Gefühl und Verstand (☿)

Meiner persönlichen Auffassung nach sind die Dekanatseinflüsse durch die verschiedenen Planetenkräfte bei den individuellen »Schnelläufern« Sonne, Mond, Merkur, Venus, Mars sowie AC-DC und MC-IC offensichtlicher und spürbarer als bei den »Generationsplaneten« Jupiter, Saturn, Uranus, Neptun und Pluto.

Zusammenfassend können wir festhalten: das »Was« – die Kraft eines Planeten in einem Zeichen, welches das »Wie« charakterisiert – wird teilweise auch durch die Planetenkraft mit beeinflußt, die dem Dekanat entspricht, in welcher der Planet steht.

Eine Feinabstimmung in zwölf Unterabschnitten

Jedes Zeichen ist nach antiker Tradition nicht nur in drei Dekanate zu jeweils zehn Grad unterteilt, sondern noch stärker gegliedert, nämlich in zwölf Unterabschnitte von jeweils zweieinhalb Grad. In jedem Zeichen ist nämlich auch der gesamte Tierkreis »angelegt«, so, wie in jeder Zelle eines Organismus die genetische Information des ganzen Körpers enthalten ist.

Die ersten zweieinhalb Grad sind also zusätzlich zur eigentlichen Charakteristik des jeweiligen Zeichens durch Merkmale des Zeichens Widders »gefärbt«, die zweiten zweieinhalb Grad durch das Zeichen Stier und so fort bis zum letzten Abschnitt, der zusätzlich zur Eigencharakteristik auch vom Zeichen Fische gefärbt wird. Als Erleichterung zum Nachschlagen wieder eine Übersicht.

0°	–	2,5°	➤	♈	Widdermerkmale
2,5°	–	5°	➤	♉	Stierfärbung
5°	–	7,5°	➤	♊	Zwillingecharakteristik
7,5°	–	10°	➤	♋	Krebstönung
10°	–	12,5°	➤	♌	Löwefärbung
12,5°	–	15°	➤	♍	Jungfraumerkmale
15°	–	17,5°	➤	♎	Waagetönung
17,5°	–	20°	➤	♏	Skorpioncharakteristik
20°	–	22,5°	➤	♐	Schützefärbung
22,5°	–	25°	➤	♑	Steinbockmerkmale
25°	–	27,5°	➤	♒	Wassermanncharakteristik
27,5°	–	30°	➤	♓	Fischetönung

Wieder zwei Beispiele. Ein Aszendent bei ein Grad Jungfrau sollte nicht nur nach dem Zeichen Jungfrau (= analytisch, ordentlich, mental wach etc.) gedeutet werden. Wir sollten auch bedenken, daß die vorwärtsdrängende, mutige, pionierhafte und bisweilen ungeduldige Widdercharakteristik das Rollenspiel dieses Menschen färben kann.

Ein Mond bei 24 Grad Krebs wird sich keineswegs so mütterlich-einfühlsam ausprägen können, wie wir es vielleicht bei diesem Mondstand zunächst erwarten würden. Vielmehr beeinflussen Steinbockmerkmale die Empfindungswelt dahingehend, daß ein harmonischer »Fluß der Gefühle« oft eher wie gebremst erscheint.

Sie haben mit dieser Einteilung eine interessante Methode und ein zusätzliches Instrument, um sich und andere Menschen astrologisch noch besser zu verstehen. Sicher macht es Ihnen auch Spaß, einzelne Planeten daraufhin zu untersuchen, in welches Dekanat und in welchen Unterabschnitt sie fallen. Lesen Sie die Schlüsselworte nach und »experimentieren« Sie mit den sich ergebenden Deutungskombinationen. Nehmen Sie dabei nichts ungeprüft an, und verlassen Sie sich eher auf Ihr eigenes Urteil als auf allgemeine Interpretationsregeln.

Auf eine andere Aufteilung der Zeichen in jeweils zwölf Unterabschnitte weist der mehrfach zitierte Astrologe Tobey hin. In dieser Zuordnung beginnt der erste Zweieinhalb-Grad-Abschnitt eines Zeichens immer mit der »Färbung« oder dem »Einfluß« des jeweiligen Partnerzeichens. Die ersten zweieinhalb Grad des Zeichens Krebs werden demnach auch durch Merkmale des Zeichens Löwe gefärbt, die nächsten durch jene des Zeichens Jungfrau etc. Sie werden selbst feststellen, ob diese Zuordnung für Sie »funktioniert« oder nicht und ob das Konzept von Partnerzeichen für Sie Sinn ergibt oder nicht.

Zeichen, Planetenherrscher und Häuser

Eine neue Überlegung

Wir sind daran gewöhnt, das Zeichen Widder als Beginn des mundanen Häusersystems zu betrachten und sehen eine Entsprechung zum Aszendenten, das Zeichen Stier entspricht demnach dem 2. Haus, Zwillinge dem 3. und so fort, bis wir beim Zeichen Fische anlangen, das dem 12. Haus entsprechen soll. Diese Häuserzuordnung zu Tierkreiszeichen hat sich wohl ergeben, weil man den Tierkreis mit dem Frühlingspunkt bei 0 Grad Widder beginnen läßt. Traditionell sprechen wir auch von sogenannten Planetenherrschern der Zeichen: Danach herrscht die Sonne im Zeichen Löwe, der Mond im Zeichen Krebs und so fort.

Der mehrfach zitierte Astrologe Tobey kam in seinen Untersuchungen zum Schluß, daß das Zeichen Löwe ursprünglich zumindest alternativ als 1. Haus anzusehen sei und daß man im Uhrzeigersinn die Häuser fortzählen müsse bis zum Zeichen Jungfrau als Entsprechung zum 12. Haus. Er fühlte sich in dieser Abfolge bestätigt durch seine umfangreichen astrologisch-mathematischen Analysen und durch seine empirische Erfahrung als langjähriger Berater. In der überlieferten esoterischen Astrologie muß es diese Anschauung bereits einmal gegeben haben, denn Tobey führt H. P. Blavatsky mit einem Hinweis aus ihrer *Geheimlehre* an: »Jedermann weiß, daß Steinbock das zehnte Zeichen ist, aber es war vordem das achte.«

Wenn wir uns die viele Jahrhunderte gültigen Herrschaftsbeziehungen, wie sie mit den bekannten sieben Planeten verbunden waren, ansehen, so entdecken wir Partnerzeichen, die ein und denselben Herrscher haben. Die Zeichen Zwillinge und Jungfrau teilen sich den Merkur, Stier und Waage die Venus, Widder und Skorpion den Mars, Fische und Schütze den Jupiter, Wassermann und Steinbock schließlich den Saturn (Abbildung 7).

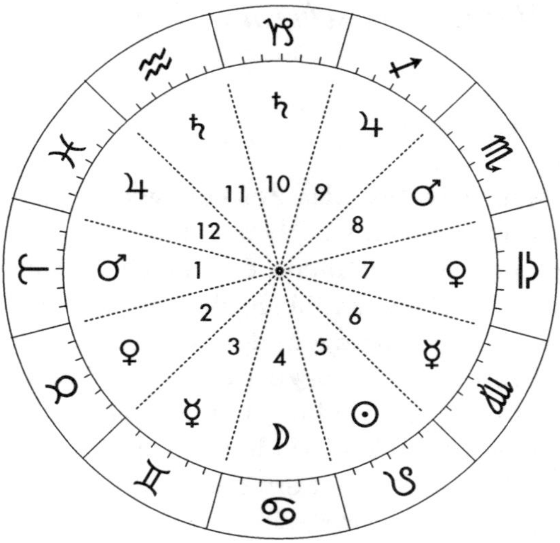

Abbildung 7

Übliche Häuserzuordnung gegen den Uhrzeigersinn ab Widder

1. Widder	2. Stier	3. Zwillinge	4. Krebs
5. Löwe	6. Jungfrau	7. Waage	8. Skorpion
9. Schütze	10. Steinbock	11. Wassermann	12. Fische

Wenn Steinbock zumindest nach einer Anschauung auch das 8. Haus symbolisieren kann und Saturn der unbestrittene Planetenherrscher ist, wo wäre dann das 1. Haus? Im Löwen, mit dem Planetenherrscher Sonne und bei einer Zählung der Häuser durch den Tierkreis im Uhrzeigersinn.

Neue Häuserzuordnung im Uhrzeigersinn ab Löwe

1. Löwe	2. Krebs	3. Zwillinge	4. Stier
5. Widder	6. Fische	7. Wassermann	8. Steinbock
9. Schütze	10. Skorpion	11. Waage	12. Jungfrau

Die gleiche Zuordnung wie oben, beginnend mit Widder

Widder 5.	Stier 4.	Zwillinge 3.	Krebs 2.
Löwe 1.	Jungfrau 12.	Waage 11.	Skorpion 10.
Schütze 9.	Steinbock 8.	Wassermann 7.	Fische 6.

Nehmen wir nun die drei transaturnischen Planeten mit in das Modell der Planetenherrschaft über die Zeichen auf. Üblicherweise spricht man davon, daß der Uranus zum Wassermann gehört, der Neptun zu den Fischen und interessanterweise nun nicht in »logischer« Folge der Pluto zum Widder, sondern – zurück im Tierkreis – zum Skorpion. Warum eigentlich?

Die gebräuchliche Planetenherrschaft lautet bekanntlich:

Planet	*Zeichen*	*Haus*
☉ Sonne	Löwe	5.
☽ Mond	Krebs	4.
☿ Merkur	Zwillinge, Jungfrau	3., 6.
♀ Venus	Stier, Waage	2., 7.
♂ Mars	Widder	1.
♃ Jupiter	Schütze	9.
♄ Saturn	Steinbock	10.
♅ Uranus	Wassermann	11.

♆ Neptun	Fische	12.
♇ Pluto	Skorpion	8.

Gehen wir die Planetenherrschaft einmal auf eine andere Weise an:

Planet	*Zeichen*	*Haus*
☉ Sonne	Löwe	1.
☽ Mond	Krebs	2.
☿ Merkur	Zwillinge	3.
♀ Venus	Stier	4.
♂ Mars	Widder	5.
♃ Jupiter	Fische ?	6. ?
♄ Saturn	Wassermann ?	7. ?
♅ Uranus	Steinbock ?	8. ?
♆ Neptun	Schütze ?	9. ?
♇ Pluto	Skorpion ?	10. ?
X Planet	Waage ?	11. ?
Y Planet	Jungfrau ?	12. ?

Oder kommen wir mit folgendem Modell der Wahrheit näher?

Planet	*Zeichen*	*Haus*
☽ Mond	Krebs	1.
☉ Sonne	Löwe	2.
☿ Merkur	Jungfrau	3.
♀ Venus	Waage	4.
♂ Mars	Skorpion	5.
♃ Jupiter	Schütze	6.
♄ Saturn	Steinbock	7.
♅ Uranus	Wassermann	8.
♆ Neptun	Fische	9.
♇ Pluto	Widder ?	10. ?
X Planet	Stier ?	11. ?
Y Planet	Zwillinge ?	12. ?

Welche Reihung, welche Abfolge scheint stimmig? Mit welcher Zuordnung – falls wir mehr als eine bisher ausprobiert haben – kommen wir aufschlußreichen und zutreffenden Deutungen näher?

Wir wissen z. B. aus der Chemie, daß symbolische Zahlenfolgen eine große Rolle spielen. Erst durch Beachtung der zunächst übersehenen Zusammenhänge von Zahlen entdeckte man, daß es »Atomzahlen« gab, die halfen, das chemische Periodensystem zu postulieren, das wiederum zur Entdeckung neuer Elemente führte.

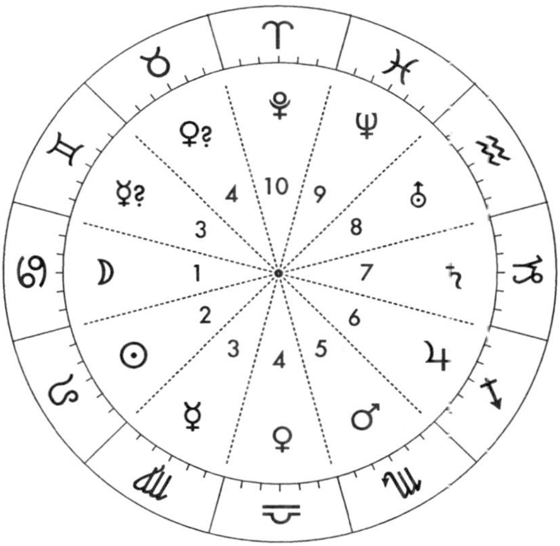

Abbildung 8

Hier sehen Sie die übliche Zuordnung von Planetenherrschern zu den Zeichen von Sonne bis einschließlich Pluto; Venus und Merkur dienen je zweimal.

Vom Zeichen Krebs ausgehend ergibt sich eine numerisch klare Folge von 1 bis 9 bis zum Zeichen Fische, im Sinne der Zeichenfolge im Tierkreis und gegen den Uhrzeigersinn. Danach wird es fraglich, ob man den Pluto ins Zeichen Widder setzt und mit 10 numeriert (und mithin Mars als Planetenherrscher des Zeichens Skorpion akzeptiert). Offen bliebe dann auch, ob nicht eventuell zwei weitere Planeten gefunden werden müßten (und könnten), um die Doppelfunktion von Merkur und Venus abzulösen.

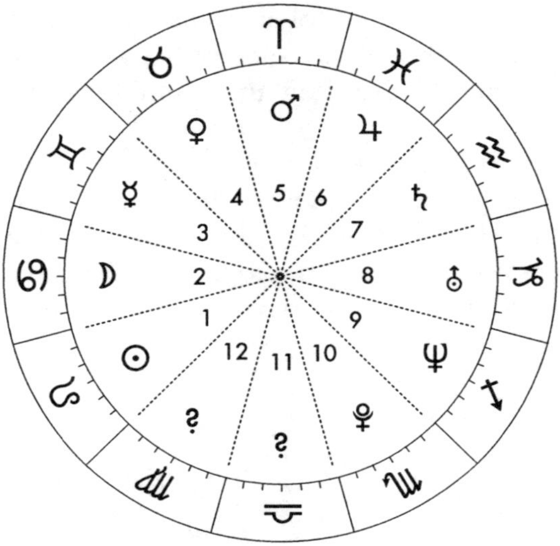

Abbildung 9

Wenn wir nun nicht beim Zeichen Krebs mit dem Planetenherrscher Mond zu zählen beginnen, sondern beim Zeichen Löwe mit der Sonne als der Nummer 1, und dann im Uhrzeigersinn und »zurück« im Tierkreis gehen, ergibt sich eine weitere, teils kuriose, teils aufschlußreiche Folge: Bis zum Zeichen Widder »stimmt« unsere altbekannte Zuordnung von Planetenherrschern zu Zeichen, dann ergibt sich eine merkwürdige Veränderung. Dabei behalten die Planeten Jupiter und Saturn ihre früher übliche Herrschaft über die Zeichen Fische und Wassermann, verlieren jedoch Steinbock und Schütze an Uranus und Neptun. Das wäre auf den ersten Blick sicher ungewöhnlich oder gar verwirrend. Der Planet Pluto rückt ins Zeichen Skorpion, wo seine Planetenherrschaft heutzutage ohnehin meist gesehen wird. Wenn wir keine Doppelherrschaft zulassen wollen, warten die Zeichen Waage und Jungfrau noch auf Planeten jenseits von Pluto, die hier symbolisch regieren würden.

Übrigens: So, wie Uranus als höhere Oktave von Merkur gilt, Neptun als die von Venus und Pluto als die von Mars, könnten die beiden noch zu findenden Planeten die höhere Oktave zu Jupiter und Saturn darstellen.

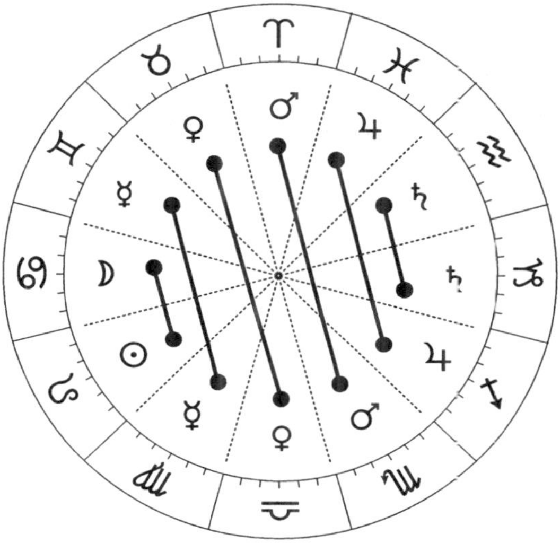

Abbildung 10
Partnerzeichen sind wie zwei Seiten einer Medaille. Diese Zuordnung verbindet immer ein Feuer- mit einem Wasserzeichen bzw. ein Erd- mit einem Luftzeichen. Sie verbinden auch immer zusammengehörige Planeten: die beiden großen Lichter in Löwe und Krebs, Merkur und Venus mit ihrem noch zu findenden Pendant oder mit Zeichen ihrer Doppelherrschaft, Mars und Pluto, Jupiter und Neptun sowie Saturn und Uranus. Carl Payne Tobey bin ich dankbar für die Anregungen zu dieser und den vorhergehenden Grafiken.

All diese Überlegungen dienen als Vorschläge und Anregung, sich selber mehr mit einer in sich stimmigen Zuordnung von Planeten und Zeichen zu beschäftigen.

Auch dieser Abschnitt soll vor allem Ihre eigenen weitergehenden Überprüfungen und Überlegungen anregen. Mir dient die oben geschilderte Sichtweise als Anstoß, ein Horoskop immer wieder auf neue Weise anzusehen.

9 Aspekte: die Beziehung der Kräfte

Die Planeten stehen im Horoskop symbolisch für Kräfte, die in der und durch die Persönlichkeit wirken. Kräfte strahlen, offen oder unbemerkt; auch symbolische Planetenkräfte strahlen aus. Wie die qualitativ unterschiedlichen Planetenkräfte miteinander bzw. aufeinander wirken, können wir über ihre Aspekte bestimmen. Als Aspekte bezeichnet man bekanntlich die Winkelbeziehungen der Planeten untereinander sowie die von den Planeten zu den Achsen und rechnerischen Punkten. In den Aspekten drückt sich die Qualität der Beziehungen der Planetenkräfte aus. Das deutsche Wort für den Begriff Aspekt ist »Anblick«.

In der orts- und ereignisbezogenen Astrologie galten (und gelten bisweilen heute noch) die Aspekte als Hinweise auf »gute« oder »schlechte« Kombinationen von Planetenkräften. Man war der Ansicht, daß die Aspekte selbst direkt etwas bewirken. Opposition und vor allem das Quadrat und auch das Halbquadrat wurden als ungünstig betrachtet, Trigon und Sextil als günstig. Die Konjunktion wurde als ambivalent gewertet, je nach Natur der betroffenen Planeten. Wenn die Aspekte durch Transite oder Progressionen aktiviert wurden, so sollten sie anzeigen, welche günstigen oder ungünstigen Ereignisse zu erwarten wären.

In der psychologischen Astrologie meint man heute überwiegend, daß kein Aspekt gut oder schlecht ist, sondern daß alle Aspekte Entwicklungsanforderungen symbolisieren. Man spricht zwar durchaus von Spannungsaspekten – und hat dabei Opposition, Quadrat, Halbquadrat, auch Quincunx und Anderthalbquadrat im Sinn –, will das aber nicht negativ verstanden wissen. Vielmehr wird gesagt, daß Spannungsaspekte erst für Wachstum sorgen, während »entspannende« oder harmonische Aspekte – wiederum Trigon, Sextil, vielleicht auch Halbsextil und Quintil – zum eher passiven Genuß als zur aktiven Entwicklung »verführen« könnten. Die Konjunktion wird von Fall zu Fall unterschiedlich bewertet.

In der spirituellen Astrologie sehe ich einen weiteren Ansatz zum Verständnis der Aspekte. Sie sind hier Ausdruck numerologischer, also zahlensymbolischer Themen. Aspekte bewirken nichts selbst, sondern geben an, welche numerologische Thematik das Zusammenwirken von zwei oder mehr Planeten und Achsen bestimmt.

Johannes Kepler hat übrigens versucht, die astrologischen Aspekte auf die Lehre der musikalischen Harmonik zu beziehen. Die Oktave mit ihrem Zahlenverhältnis von 1:2 entspricht nach Kepler der Konjunktion und der Opposition, die Quinte mit 2:3 dem Sextil und Trigon, die Quart mit 3:4 dem Quadrat.

Sehen wir uns nun unterschiedliche, in sich geschlossene Systeme der Ableitung bzw. Begründung für die Aspekte an.

Mathematisch-symbolische Teilung des Kreises

Unser Horoskopkreis von 360 Grad wird dabei durch ganze Zahlen geteilt. Damit verbindet sich die numerologische Bedeutung der einzelnen Zahlen mit dem astrologischen Aspekt, der aus der Teilung des Kreises entsteht. Es ergibt sich:

360° : 1 = 360° ➤ Konjunktion
360° : 2 = 180° ➤ Opposition
360° : 3 = 120° ➤ Trigon

360°:	4 = 90°	➤ Quadrat
360° :	5 = 72°	➤ Quintil
360° :	6 = 60°	➤ Sextil
360° :	7 = 51°25′	➤ Septil (gerundeter Wert)
360° :	8 = 45°	➤ Halbquadrat
360° :	9 = 40°	➤ Novil
360° :	10 = 36°	➤ Zehntelschein
360° :	11 = 32°44′	➤ Elftelschein (gerundeter Wert)
360° :	12 = 30°	➤ Halbsextil

Hier finden wir zwölf Aspekte in Entsprechung zur Anzahl der Tierkreiszeichen und der Häuser. Stichworte zur numerologischen Bedeutung der Zahlen und der entsprechenden Aspekte finden Sie weiter hinten. Obwohl das Halbsextil in der Astrologie wohlbekannt ist – und somit auch die Teilung des Kreises durch zwölf –, habe ich bislang zum Zehntel- und zum Elftelschein noch nichts gefunden. Vielleicht hat ja eine Leserin oder ein Leser Erfahrungen mit diesen beiden Aspekten und kann mir gelegentlich etwas dazu mitteilen. Im voraus schon ein herzliches Dankeschön!

Aspekte aus den Häusern abgeleitet

Eine andere Ableitung der Aspekte ergibt sich aus der Aufteilung des Horoskops in zwölf Häuser. (Manche Astrologen argumentieren genau umgekehrt: Die Häuser haben sich aus den Aspekten ergeben, sagen sie. Wir können das für unsere Zwecke offenlassen.)

Haus	*entspr. Aspekt*	*Symbol*
Spitze 1. Haus	Konjunktion (0°)	☌
Spitze 2. und 12. Haus	Halbsextil (30°)	⚺

Spitze 3. und 11. Haus	Sextil (60°)	⚹
Spitze 4. und 10. Haus	Quadrat (90°)	□
Spitze 5. und 9. Haus	Trigon (120°)	△
Spitze 6. und 8. Haus	Quincunx (150°)	⚻
Spitze 7. Haus	Opposition (180°)	☍

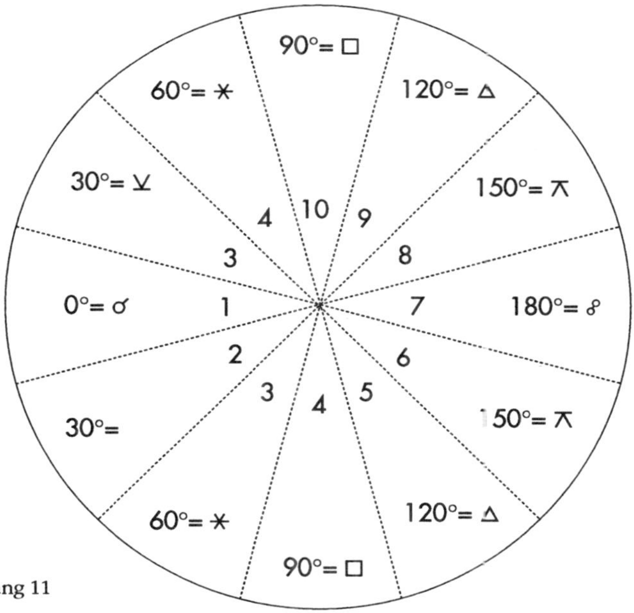

Abbildung 11

Jeweils ein 30-Grad-Abschnitt, wie wir ihn von den gleichen (äqualen) Häusern kennen, entspricht also einer bestimmten Aspektfigur. Die Aufstellung legt nahe, nicht von zwölf Aspekten auszugehen wie oben – 360 Grad geteilt durch alle ganzen Zahlen von 1 bis 12 –, sondern nur von sieben. Der Frage, ob und welche Unterschiede sich bei jenen Aspekten ergeben, die in zwei Häuser fallen, gehen wir im Abschnitt »Zunehmende und abnehmende Aspekte« kurz nach.

Deutungshinweise aus der spirituellen Astrologie

Die folgenden Stichworte zur Interpretation der Aspekte dienen einer Orientierung. Sie müssen selbstverständlich die jeweils beteiligten Planetenkräfte berücksichtigen und dementsprechend konkretisiert bzw. abgewandelt werden.

☌ (1) KONJUNKTION: *Ich bin*

Sonnenqualität. Das Prinzip der Berührung; Neuanfang, Wille, Verstärkung, Energieballung, Ursprung, All-Eins-Sein.
Spirituelles Ziel ist die Manifestation schöpferischer Kräfte.

☍ (2) OPPOSITION: *Ich erfahre dich*

Mondqualität. Das Prinzip der Bewußtwerdung, Polarität, Dualität, Partnerschaft, Gefühl, Erkenntnis der Schöpfung, bewußte Auseinandersetzung.
Spirituelles Ziel ist die harmonische Vereinigung von Gegensätzen auf einer höheren Ebene. (Nach Mertz Saturnqualität.)

☌ (3) TRIGON: *Wir sind schöpferisch tätig*

Jupiterqualität. Horizonterweiterung; kreative Integration von Planetenkräften, Talente und Gaben können zum Wachstum genutzt werden; Vorsicht vor Bequemlichkeit.
Spirituelles Ziel ist die aktive schöpferische Verbindung von Energien. (Auch Jupiterqualität laut Mertz.)

□ (4) QUADRAT: *Wir müssen es schaffen*

Saturnqualität. Schutz durch Struktur; Herausforderung und Notwendigkeit, Planetenkräfte konstruktiv zusammenzuführen – oder sich gegenseitig aufzureiben oder zu blockieren.

Spirituelles Ziel ist, durch positives Denken und konstruktives Handeln etwas aufzubauen, was Sicherheit gewährt und produktiv ist, ohne zu begrenzen oder zu unterdrücken. (Laut Mertz Marsqualität.)

Q (5) QUINTIL: *Ich entscheide mich frei*

Erdqualität. Äther; Transformation aufgrund von Erkenntnis oder Gnade, Meditation über das Wesentliche, bewußte Menschwerdung.
Spirituelles Ziel ist, die beteiligten Planetenkräfte einzusetzen, um sich auch ohne den Druck äußerer Not als Seele zu erkennen und »freiwillig« den Weg zurück zu Gott anzutreten.

⚹ (6) SEXTIL: *Wir sind kreativ*

Venusqualität. Harmoniegefühle bestimmen das Lebensgefühl, die Planetenkräfte fördern und ergänzen sich auf leichte und angenehme Weise.
Spirituelles Ziel ist, gebotene Chancen und potentielle Fähigkeiten auch auszubauen, zu pflegen und zu nutzen. (Auch nach Mertz Venusqualität.)

7 (7) SEPTIL: *Das Karma entscheidet für uns*

Plutoqualität. Krise in Entwicklungsprozessen, Notwendigkeit und/oder Bereitschaft zu tiefgreifender Transformation, Einwirkung kollektiver Einflüsse, die Planetenkräfte folgen einem inneren Zwang.
Spirituelles Ziel ist, Einsicht in die Notwendigkeit der Wandlung vom Unwesentlichen zum Wesentlichen zu gewinnen, auch wenn sie vom Schicksal »erzwungen« wird.

∠□ (8) HALBQUADRAT (ANDERTHALBQUADRAT?)
Wir müssen alle Strukturen überwinden

Uranusqualität. In der Beziehung der beteiligten Planetenkräfte gibt es eine gewisse »nervöse Energie«, einen »Unruhefaktor«, der die Kräfte immer wieder in unvermutete Verbindungen und Richtungen drängt und auf Verwirklichung gegen bestehende Normen und über bisherige Grenzen hinaus auffordert.
Spirituelles Ziel ist, nicht nur Altes umzustoßen, sondern gleichzeitig Neues zu bauen, was wirklich besser ist.

9 (9) NOVIL: *Wir suchen nach Vollendung*

Neptunqualität. Schicksal und Fatum sind typische Schlüsselworte zu diesem Aspekt; es geht um das subjektive Seelenwachstum mit Hilfe der beteiligten Planetenkräfte.
Spirituelles Ziel ist, den überpersönlichen Kern der Persönlichkeit, das Selbst, und das Wesentliche im Leben, die Verwirklichung von Sinn, zu erfahren und zu leben, ohne der irdischen Wirklichkeit mit ihren Begrenzungen und Pflichten zu entfliehen.

⊻ (10) HALBSEXTIL: *Wir bemühen uns um Nähe*

Merkurqualität. Ein neues Bewußtseinszentrum entwickelt sich.
Spirituelles Ziel ist, der sich gerade entfaltenden Kräfteverbindung gewahr zu werden. (Nach Mertz Uranusqualität; er spricht vom »Confinis«, also einer Begrenzung durch den Halbsextil-Aspekt und beurteilt diesen Aspekt eher als problematisch.)

⊼ (3:5) QUINCUNX: *Wir müssen Klarheit über unsere Aufgabe gewinnen*

Numerologische Symbolik: 3:5 = Wir müssen Klarheit über unsere Aufgaben gewinnen.
Marsqualität. Energieschub der beteiligten Planetenkräfte. Ein Thema, eine Beziehung, ein Muster oder ein Ereignis bewußt

und deutlich zu erkennen und einzuordnen; Herausforderung zur Reife.
Spirituelles Ziel ist, bei allen jetzt einwirkenden äußeren Bedingungen und inneren Prägungen nicht aus dem Auge zu verlieren, daß der Mensch immer die Freiheit behält, sich für sich selbst und für Gott zu entscheiden.

NICHT ASPEKTIERTE PLANETEN

Manche Menschen empfinden Planeten, die keine Aspekte zu anderen Gestirnen oder zu den Achsen aufweisen, als isoliert. Sie fühlen sich oft, als ob sie die betreffende Kraft gar nicht richtig in ihr Leben integrieren können. Es gilt in der Deutung, auch nach »kleineren« Aspekten (mit natürlich nur engem Orbis) Ausschau zu halten, um Hilfen vorschlagen zu können, wie die jeweilige Planetenkraft doch sinnvoll mit dem Ganzen zusammenwirken könnte. (Nach Mertz Plutoqualität; er spricht davon, daß diese Planetenkraft Ergänzungen von sich aus sucht und eigene Stärken zu nutzen bestrebt ist. Er schreibt, daß ein unaspektierter Planet »eine ganz besondere Kraft« zeigt.)

Die Frage nach dem Orbis

Der Orbis ist die Abweichung vom exakten Wert des Aspekts bzw. der Umkreis, bis zu dem hin wir einen Aspekt noch als »gültig« erachten. Eine Konjunktion ist auch dann noch eine Konjunktion, wenn die beiden Planeten nicht ganz genau am selben Ort und im selben Tierkreisgrad sind, sondern zwei oder drei Grad voneinander entfernt stehen.

Wenn Sie im Horoskop recht allgemeine Aufschlüsse suchen, können Sie jeweils einen größeren Orbis verwenden. Wenn es um möglichst akkurate Zeitberechnungen oder um schwierige und tiefgründig-komplexe Zusammenhänge geht, empfehle ich, eher einen kleineren Orbis zu verwenden. Aspekte zwischen sogenannten Schnelläufern (Mond, Merkur, Venus, Sonne, Mars) und zu den Hauptachsen rechtfertigen nach aller Erfahrung einen größeren Orbis, Aspekte zu und besonders zwischen Langsamläufern (Uranus, Neptun, Pluto) einen kleineren. Beachten Sie auch, ob sich ein engerer Aspekt erst noch bildet, weil der schnellere Planet in ihn »hineinläuft«, oder ob ein bereits weiter Aspekt noch schwächer wird, weil der schnellere Planet »hinausläuft«.

Hier als Anhaltspunkt eine Übersicht, wieder in Tabellenform. Diese Übersicht geht von der Teilung des Kreises durch ganze Zahlen aus: je kleiner die Teilungszahl, desto größer der Orbis, und umgkehrt (einige Ausnahmen!). Die Konjunktion erhält damit den größten Orbis, das Halbsextil den kleinsten.

Aspekt	*Durchschnitt*	*Transsaturnier*	*Sonne/Mond*
Konjunktion	8°	6°	10°
Opposition	8°	6°	10°
Trigon	5°	4°	6°
Quadrat	5°	4°	6°
Quintil	3°	2°	4°
Sextil	3°	2°	4°
Septil	1-2°	1°	2°
Halbquadrat	2-3°	1-2°	3°
Anderthalbquadrat	–	–	–
Quincunx	–	–	–
Novil	1-2°	1°	2°
Halbsextil	1-2°	1°	2°

Persönlich neige ich dazu, die oben notierten relativ gebräuchlichen Durchschnittswerte noch um ein bis zwei Grad zu »kürzen«, um durch weniger, aber exakter gebildete Aspekte zu gesicherteren Aussagen zu gelangen.

Aspektfiguren

Manche Aspektfiguren fallen auf den ersten Blick durch eine Wiederholung von Aspekten oder durch eine besondere Form ins Auge. Ob und inwieweit die darauf gemünzten besonderen Deutungen zutreffend sind oder nicht, sollten Sie bitte selbst kritisch prüfen. Beachten Sie bitte auch, in welche Mehrfach-Häuser und in welche Zeichen nach Elementen (Wasser, Erde, Feuer, Luft) und Kreuze (aufbauend, fest, veränderlich) bzw. Dekanate und Einzelabschnitte die jeweiligen Eckpunkte dieser Aspekte fallen. Hier einige Aspektfiguren mit Stichworten.

STELLIUM: *Konjunktion von drei oder mehr Planeten*

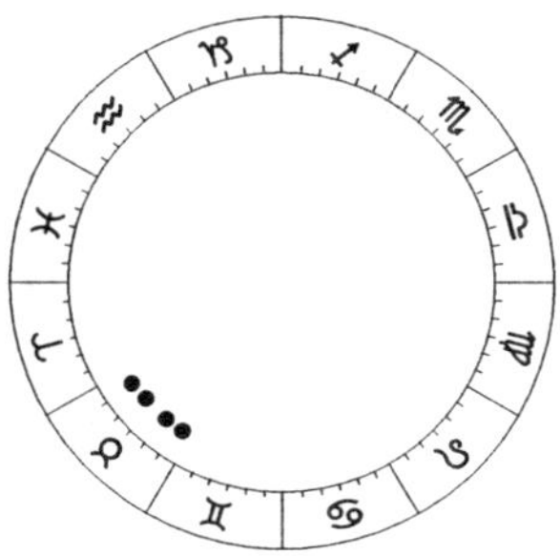

Vorherrschendes Thema ist eine deutliche Energieballung. Sie kann als Energieverstärkung erlebt werden, leider aber auch als Blockade oder Unbewußtheit – vielleicht sogar Verdrängung – jener Themen, welche die jeweils beteiligten Planetenkräfte symbolisieren. Diese Menschen können geradezu eruptiv etwas schaffen, ohne genau zu wissen, woher ihnen die Energien dazu zufließen. Untersuchen Sie bitte – nach Zeichen- und Häuserstellung, Element, Dekaden- und Gradabschnitt etc. -, welcher Planet das Stellium dominiert.

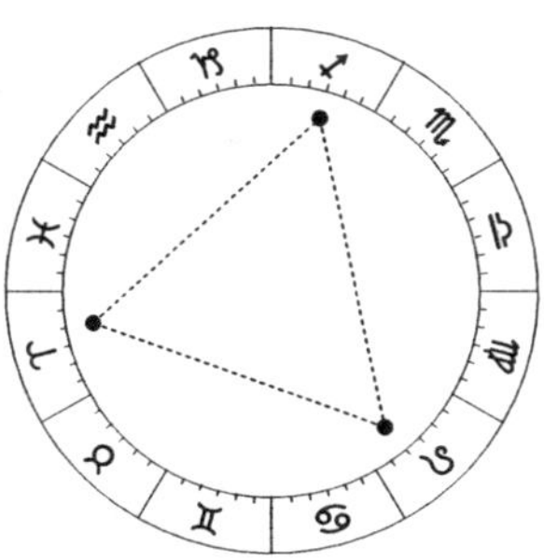

GROSSES TRIGON: *Drei zusammenhängende Trigone*

»Sofasitzen auf der Gnade« oder die (vermeintliche) »Leichtigkeit des Seins« sind Schlüsselworte zu dieser Aspektfigur. Dem Horoskopinhaber fällt viel zu – womöglich, ohne daß er diese

Tatsache bislang beachtet hat. Neigung zur Bequemlichkeit oder Selbstgefälligkeit oder in sich ruhendes echtes Selbstbewußtsein.

T-QUADRAT: *Opposition mit Quadrat zu einem dritten Punkt*

Ich habe mehrfach beobachtet, daß diese Aspektfigur in männlichen Horoskopen die Fähigkeit anzuzeigen scheint, eine »Jetzt-erst-recht«-Haltung zu entwickeln und sich gegen Widerstände durchzusetzen. In weiblichen Horoskopen, vor allem, wenn Sonne, Saturn und Mars beteiligt sind, habe ich eine Hemmung im harmonischen Gefühlsausdruck und eine kritische, aber wenig kreative Haltung gegenüber »männlichen« Qualitäten festgestellt. Das mag damit zusammenhängen, daß die üblichen Gesellschaftsformen die aktive, rationale und konstruktive Art der Problembewältigung (noch) favorisiert und Frauen, die mit dieser Herausforderung im Horoskop antreten – wie sie eben durch das T-Quadrat symbolisiert wird –, (noch) keine Form finden, ihre vielleicht eher intuitive, gefühlsbetonte oder reaktive Weise auszudrücken, mit Anforderungen umzugehen.

GROSSES QUADRAT: *Zwei zusammenhängende Oppositionen und vier Quadrate*

Erstaunlicherweise wird das Große Quadrat meist als weniger schwierig und »zwingend« erlebt als das T-Quadrat. Seine Spannungen sind im »Gleichgewicht«. Das kann entweder dazu führen, daß sie sich gegenseitig aufheben – das könnte der Horoskopinhaber als eine Blockade wichtiger Persönlichkeitskräfte empfinden –, oder daß sie sich gegenseitig zu konstruktiver Verwirklichung befruchten. Bei letzterem kann daraus eine gezielte und systematische Produktivität erwachsen.

MAGISCHES RECHTECK:

Zwei zusammenhängende Oppositionen, zwei Trigone, zwei Sextile

Diese Figur gilt als »leichter« als das Große Quadrat. Die Produktivkräfte der beteiligten Planeten können freier und kreativer eingesetzt und zugleich besser in den Lebensplan integriert werden. Diese Figur heißt manchmal auch »mystisches Rechteck«. Beide Namen deuten an, daß solche Menschen in hohem Maß medial sein sollen. Bewußtwerdung (Opposition), verständige Aktivität (Trigon) und Kreativität (Sextil) verbinden sich im Magischen Rechteck.

AUGE: *Zwei zusammenhängende Halbsextile und ein Sextil*

Eine Planetenkraft (oder Achsenpunkt) dient als »Brennpunkt« oder Mittelpunkt für zwei andere Planetenkräfte, die Nähe suchen und gerade dabei sind, sich in ihrem Verhältnis zum Planeten in der Mitte zu entfalten. Das Auge macht auf Potentiale aufmerksam, die – wenn sie erkannt und gepflegt werden – sich zu einem Kräftereservoir zur Verwirklichung des Lebensplans entwickeln können.

Drache: *Zwei Quincunxe und eine Opposition sowie zwei Halbsextile. Oder ein Großes Trigon, eine Opposition und zwei Sextile. Oder zwei Anderthalbquadrate, eine Opposition, ein Quadrat und zwei Halbquadrate*

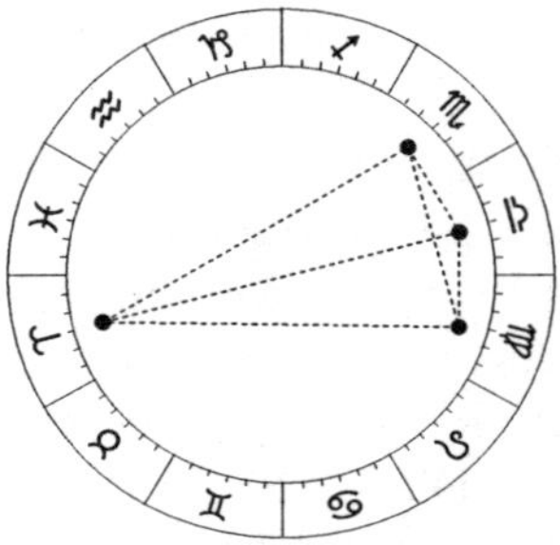

Unter Berücksichtigung der beteiligten Einzelaspekte weist diese Art von Figur immer auf die Notwendigkeit hin, auf das aufmerksam zu werden, was von dem/den Planeten in der Mitte der Figur repräsentiert wird. Solche Menschen sind oft fähig, sich schnell an Situationen anzupassen und ihre Kraft gezielt einzusetzen.

Spannungsherrscher: *Alle Planeten auf weniger als 180°, in der Mitte gegenüber ein einziger Planet*

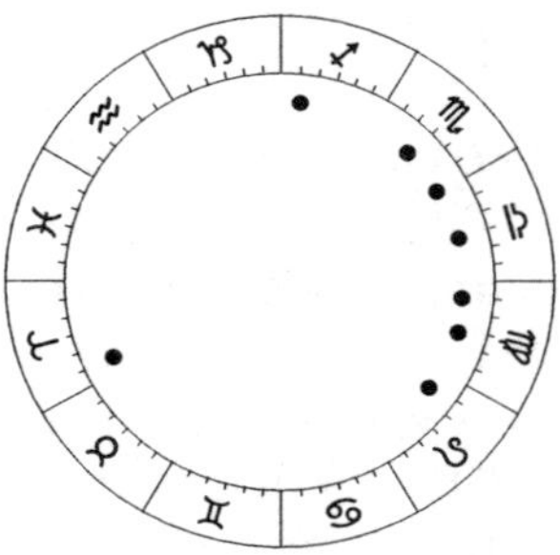

Man nennt einen Planeten »Spannungsherrscher«, wenn er allein auf einer Seite des Horoskops steht (mit oder ohne Aspekt zu anderen Planeten) und alle andere Planeten ihm gegenüber. Selbst, wenn sich diese Aspektfigur nicht ganz genau ergibt, sondern nur annähernd, können wir von einem Spannungsherrscher sprechen. Dieser Planet wird mit seinen Qualitäten, mit seiner Kraft und seinem Gewicht (z. B. Beziehung zu Haus und Zeichen) sehr häufig »den Ton« im »Horoskop-Orchester« angeben und signalisieren, daß sich vieles im Leben über seine Planetenkraft kanalisiert und ausdrückt. Die Prinzipien dieses Spannungsherrschers bestimmen zu einem Großteil die Einstellungen des Horoskopinhabers zum Leben, seine Verhaltensmuster und seinen Ansatz zu neuen Entwicklungsmöglichkeiten.

Zunehmende und abnehmende Aspekte

Michael R. Meyer hat auf die Relevanz dieser speziellen Aspektdeutung in seinem Buch *A Handbook for the Humanistic Astrologer* besonders aufmerksam gemacht. Er schreibt darin u. a.:

> *»Die traditionelle Astrologie hat in der Deutung die Wichtigkeit der Phase der Beziehung eines Aspektes vollständig übersehen. Das heißt zum Beispiel, daß ein zunehmendes Quadrat, das sich bildet, nachdem die beiden (beteiligten Himmelskörper) am selben Grad des Tierkreises standen (Konjunktion), nicht dasselbe ist wie ein abnehmendes Quadrat, das sich nach ihrer Opposition (im Tierkreis) ergibt.«* (Siehe dazu Abbildung 11 auf der nächsten Seite.)

Aspekte, die sich in den zunehmenden und den abnehmenden Phasen der Planetenumläufe bilden, sind bitte nicht zu verwechseln mit den sich nähernden oder sich voneinander trennenden Aspekten (dabei handelt es sich bekanntlich darum, ob der Aspekt gerade dabei ist, näher und exakter zu werden oder weiter und weniger exakt).

Meyer führt aus, daß *zunehmende Aspekte* als Schritte oder Stufen der Einfühlung in die jeweiligen persönlichen Entwicklungspotentiale anzusehen sind. Während dieser Phase spielt der Aufbau organischer Strukturen und ein Prozeß der subjektiven Entfaltung eine große Rolle. Gefühl, Instinkt und Intuition und allgemein Seelisches stehen im Vordergrund des Erlebens, auch wenn sie (noch) nicht so recht greifbar scheinen.

Abnehmende Aspekte beziehen sich nach Meyer auf die Erkenntnis von Sinn, Zweck und Zielen sowie auf die objektive Manifestation von Kräften in der äußeren, begreifbaren Welt. Geist und Verstand geben einen deutlichen Rahmen für den Energiefluß der Evolution.

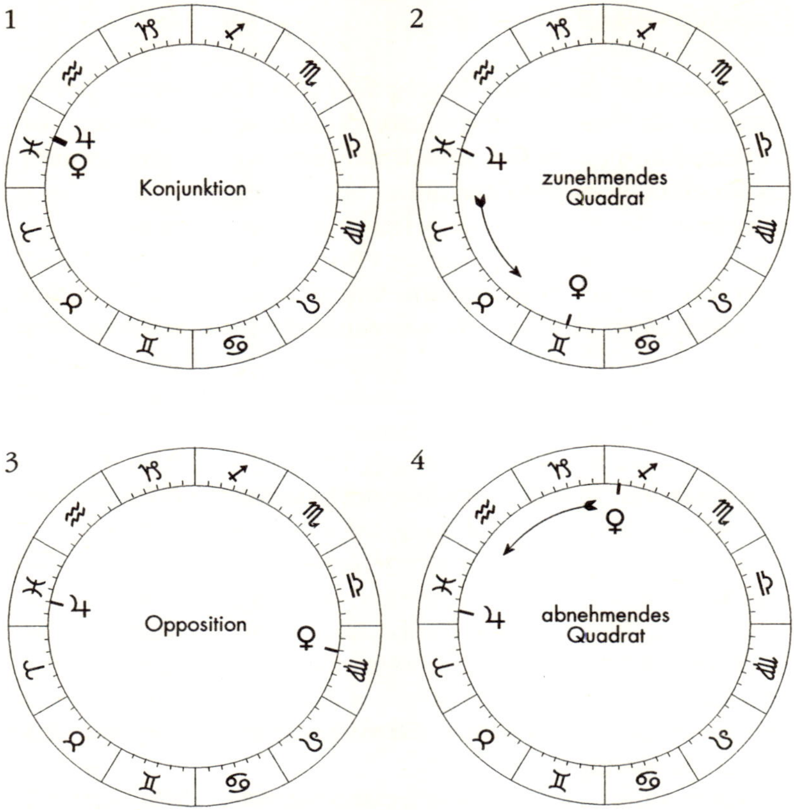

Abbildung 12

△ TRIGON

Zunehmendes Trigon: Entfaltung des praktischen Verstandes, Wachstum an Wissen; Anwendung von Einsichten und Fähigkeiten zur Festigung der Persönlichkeit im engeren Umfeld.
Abnehmendes Trigon: Wachstum des universellen Verstehens, Ausweitung und Verfeinerung der abstrakten Geistesfähigkeiten; Anwendung von Einsichten und Fähigkeiten, um kreative und soziale Energien freizusetzen.

□ Quadrat

Zunehmendes Quadrat: Krisenerfahrungen im Verlauf der naturhaften und instinktiven Selbstverwirklichung im Außen, Aufbau einer konkreten Grundlage für Tun und Vorgehensweisen; Entwicklung von Ich-Aktivitäten.
Abnehmendes Quadrat: Krisenerfahrungen während der Entwicklung neuer Formen und der Formulierung und Freisetzung ihrer Inhalte; die ersten Ansätze zum Aufbau neuer Fundamente, aus denen sich vielleicht ein neuer Zyklus von Tätigkeit ergibt.

⚹ Sextil

Zunehmendes Sextil: Intuitive Entwicklung und spontanes Wachstum.
Abnehmendes Sextil: Produktive Anwendung neuer Bewußtseinsformen.

∠ Halbquadrat

Zunehmendes Halbquadrat: Bewußtes Erleben von Beziehungen und Prozessen.
Abnehmendes Halbquadrat: Schöpferische Selbstverwirklichung durch bewußten Austausch.

⚼ Anderthalbquadrat

Zunehmendes Anderthalbquadrat: Ein Höhepunkt zielgerichteter Willenskraft; Bedürfnis, sich durch Tätigkeit auszudrücken.
Abnehmendes Anderthalbquadrat: Krisenerfahrung in Beziehungen; das Bedürfnis, Selbstverwirklichung durch Beziehungen oder im sozialen Rahmen zu erreichen.

Q QUINCUNX

Zunehmendes Quincunx: Klärung von Eigenwahrnehmung und Selbstbild.
Abnehmendes Quincunx: Klärung von Außenwahrnehmung und Weltbild.

⚻ HALBSEXTIL

Zunehmendes Halbsextil: Entfaltung eines neuen Bewußtseinszentrums oder -themas.
Abnehmendes Halbsextil: Entfaltung der schöpferischen Gestaltung neuer Formen für neue Inhalte.

Diesen Angaben, die sich stark auf Michael R. Meyer stützen, füge ich hinzu, daß zunehmende Aspekte einem oft mehr »Dampf machen«, während abnehmende Aspekte abgeklärter wirken lassen.

Welche Aspekte sollen wir verwenden?

> *»Astrologisch markant sind nur die Winkel, deren Bildfigur durch einfache Zeichnung oder Teilung und Verdoppelung gewonnen werden kann.«* *

> *»Nicht jeder Strahlungswinkel ist bedeutsam in der Astrologie. Obwohl kein Strahl etwa kraftlos ist, zeigt die Beobachtung, daß nur bestimmte Strahlwinkel nennenswerte Wirkungen zeigen. Die hierfür in Frage kommenden Winkel sind .Konjunktion, Sextil, Quadrat, Trigon und Opposition.*

* Arthur Schult: »Astrosophie, Bd. 2«. Turm Verlag, Bietigheim 1982.

Die Astrologen des Altertums haben keine anderen als die obengenannten in Anwendung gebracht, obwohl ihnen sämtliche Winkelbildungen bekannt waren... Man hat vollauf zu tun, wenn man die wahren Winkel der Alten richtig auswerten will.« *

Zwei bedenkenswerte Überlegungen, denen ich mich allerdings nur bedingt anschließen kann. Für Menschen, die geistig bewußter sind als der Durchschnitt, hat die Verwendung auch von anderen als den fünf oben genannten Hauptaspekten ihre Berechtigung.

Neben den in der psychologischen Astrologie gern benutzten Aspekten Quincunx, Halbsextil und Halbquadrat (zusätzlich zu Konjunktion, Opposition, Trigon, Quadrat und Sextil) halte ich in der spirituellen Astrologie viel von den Aspektdeutungen zu Quintil (72°), Septil (51°25′) und Novil (90°). Natürlich werden wir dabei mit einem sehr bescheidenen Orbis arbeiten, von z. B. nicht mehr als einem oder maximal anderthalb Graden.

Zur Erinnerung: Für Menschen, die gerade anfangen, sich mit Astrologie zu beschäftigen, macht es aufgrund meiner Erfahrungen viel Sinn, lieber mit wenigen als mit zuvielen Aspekten zu arbeiten. Wenn wir sicher geworden sind und es uns dann an Vielschichtigkeit der Deutung wirklich mangelt, mögen wir getrost den einen oder anderen Faktor neu hinzunehmen.

Auch in diesem Kapitel über die Aspekte finden sich nur Vorschläge und Meinungen, keine Wahrheiten »ex cathedra«. Sie sind und bleiben frei, selbst auszuprobieren, was für Sie Sinn macht, was Ihnen neue Erkentnisse eröffnet und was Ihre Probleme lösen hilft.

* Johannes Vehlow: »Astrologie, Bd. 2«.

10 Fixsterne als Schicksalspunkte

Eine Wiederentdeckung der »achten Himmelssphäre« und ihre möglichen Bedeutung für die astrologische Interpretation

Die Fixstern-Astrologie bietet einen heutzutage nur noch wenig bekannten und erforschten, dabei üppigen Fundus, um an wichtige karmische Botschaften des Horoskops heranzukommen. Der Pestarzt, Alchimist, Seher und Astrologe Nostradamus spricht in seinen Schicksalsprognosen ausdrücklich von den Fixsternen, die er neben den Planeten in seiner prophetischen Astrologie verwandt und wohl höher als diese eingeschätzt zu haben scheint. In der III. Centurie, Vers 46, heißt es:

»Der Himmel (von Lyon) sagt uns voraus
Durch klare Zeichen und durch Fixsterne,
Daß die Zeit der plötzlichen Veränderung herannaht,
Weder zum Guten noch zum Schlechten.«

In den Versen 15 und 90 der II. Centurie erwähnt Nostradamus »Castor« und »Pollux«, zwei Fixsterne, die man salopp auch als »der gute« und »der böse Bube« bezeichnet. Im 41. Vers der II. Centurie heißt es: »Der große Stern wird sieben Tage brennen...« Es geht also nicht um einen Planeten, sondern um einen (Fix-)Stern. »Bis zu den höchsten Höhen der Gestirne sich erhebend...«, »himmlische Figuren« und »Denn die Gestirne stimmen in der Umwälzung überein...«, schreibt Nostradamus in Vorrede und Epistel.

Ich sehe darin ebenfalls einen Hinweis auf astrologische Faktoren, die jenseits der Planetenbahnen zu finden sind. Denn die höchsten Höhen der Gestirne sind nicht die sieben Planetensphären rund um die Erde, sondern nach dem damals geltenden Weltbild die achte Sphäre, die der Fixsterne. Darüber gab es nur noch die alles bewirkende und regulierende göttliche Sphäre. Die »höchste Höhe der Gestirne« ist eindeutig die Ebene der Fixsterne.*

Über die Fixsterne schrieb Johannes Vehlow, der deutsche Astrologe aus Berlin, welcher vor und nach dem Zweiten Weltkrieg immer wieder durch verblüffend treffsichere Prognosen hervortrat:

»Die Gelehrten versunkener Kulturen haben in erster Linie die Kondensationspunkte der fernen Welten, die Zentralsonnen, als an Masse und Strahlungskraft gewaltigste Energiequellen erforscht und versucht, ihre Grundnatur festzustellen...

Die fernen Weltinseln, und insbesondere die Kräfte ihrer Kondensationspunkte, der Riesensonnen, wirken auf unser System. Diese Einwirkung geschieht nicht willkürlich, denn nichts im Kosmos geschieht aus Zufall *oder Willkür, sondern nach festem, und daher erkennbarem Gesetz...*

Fixsterneinfluß wirkt besonders in allen Fällen, wo es sich um einschneidende Schicksale handelt, entweder katastrophaler Art, oder wo enormer Aufstieg, Ruhm, Machtstellung oder überaus großes Glück in Frage kommt. Alle über den Rahmen des Alltäglichen hinausragenden Ereignisse im Leben stehen mit bedeutsamen Fixsternkonstellationen im Zusammenhange...

* Zitate aus W. v. Rohr: »Nostradamus – Seher und Astrologe: Entschlüsselte Geheimnisse und ungelöste Rätsel«. Ariston Verlag (siehe Literaturhinweise).

Viele der Fixsternwelten reichen mit ihren geistigen Wurzeln wohl schon in transzendente Reiche...«

Der damals berühmte Astrologe Vehlow gehörte in der Mitte dieses Jahrhunderts zu den wichtigen Erforschern antiker und moderner Weisheit. Aus seinen Worten geht die Bedeutung der Fixsterne klar hervor. Für Vehlow zählten übrigens nur die Konjunktionen von Sonne, Mond, Planeten und einer der beiden Hauptachsen mit einem Fixstern, selten die Opposition, nicht aber andere Aspekte.

Die Fixsterne galten von alters her vor allem als aussagekräftig für ganze Völker, große Institutionen (Kirche, Monarchie) sowie für besonders hoch entwickelte und bewußte Menschen oder für solche, die sich negativen Einflüssen nachhaltig geöffnet haben.

Den meisten Menschen heute sind weder Namen noch Charakter der Fixsterne gemäß der antiken Astrologie bekannt. Deshalb gebe ich Ihnen an dieser Stelle eine Übersicht über wichtige Fixsterne mit Interpretationshilfen, die auf den Überlieferungen der Alten beruhen. Der Verfasser ist ausdrücklich nicht der Ansicht, schon jetzt oder gar allein etwas Endgültiges zu diesem Thema vorlegen zu können.

Ein Beispiel für Entsprechungen zwischen markanten Fixstern-Ständen und Ereignissen: Am 6. August 1945 wurde über der japanischen Stadt Hiroshima die erste Bombe abgeworfen, deren fürchterliches Wirkungsprinzip der Kernspaltungsforschung entstammte. Hunderttausend Menschen starben, Millionen litten und leiden noch heute unter den Folgen. Damit kam eine Massenvernichtungswaffe zum Einsatz, die eine Epoche des Schreckens einleitete. Die Sonne stand an diesem Tag am gleichen Ort wie die Fixsterne Akubens und Dubhe, die Venus stand am selben Tierkreisort wie Tejat, der Mars an der Position des Aldebaran, Jupiter dort, wo auch Benetnasch zu finden ist, und Saturn schließlich war mit Wasat zusammen – alles waren Konjunktionen. Zusammengenommen eine durch und durch gefährliche, geradezu schreckliche Konstellation nach den Aussagen der Antike über die Natur der Fixsterne. Sie können das in der Fixsternübersicht weiter unten im einzelnen nachlesen.

Blicken Sie in Ihr eigenes Horoskop und untersuchen Sie dies im Hinblick auf Fixsternkonjunktionen oder Oppositionen zu Sonne, Mond, Planeten und Achsen.

Wichtige Fixsterne

Es folgt eine Übersicht über den Stand wichtiger Fixsterne in den Tierkreiszeichen, gerundet auf halbe Grade für 1950 mit Kurzhinweisen auf Natur und Wirkung. Ich greife dabei u. a. auf Altmeister Vehlow zurück und weise gern auch auf ein neueres Buch von Vivian Robson über die Fixsterne hin (beide siehe Literaturverzeichnis). Auch Fixsterne bewegen sich (aufgrund der Präzession): im Durchschnitt etwa 50 Bogensekunden entlang des Tierkreises pro Jahr, also etwa ein Grad in 72 Jahren. Außerdem gibt es noch eine weitaus geringere Veränderung der Fixsterne aufgrund der Eigenbewegung (im Durchschnitt weniger als eine Viertelsekunde pro Jahr), wodurch sich ihre Positionen zueinander verändern.

Die Fixsterne sind so aufgelistet, wie sie im Tierkreis auftauchen. Sie sind dann von Interesse, wenn Konjunktion und Opposition (falls diese verwendet wird) nicht weiter als rund ein Grad von Sonne, Mond, den persönlichen und gesellschaftlichen Planeten (Merkur, Venus, Mars, Jupiter und Saturn) sowie Mondknotenachse und Hauptachsen (AC-DC, MC-IC) entfernt sind.

Zuerst finden Sie den Namen (in Klammern Alternativnamen), danach in Klammern die Größe, soweit sie bekannt ist (manche Sterne verändern scheinbar ihre Größe und sind deshalb nicht fest klassifiziert bzw. es handelt sich um Nebel), dann die Position im Tierkreis und schließlich die »Natur« und den »Charakter«, den diese Sterne respektive Nebel nach Meinung von Astrologen »ausstrahlen« (in Klammern abweichende Meinungen).

Die Größe der Sterne läßt nach Ansicht der meisten Astrologen einen Rückschluß auf ihre »Strahlkraft« zu. Je kleiner die Ziffer, desto bedeutsamer der Stern. Ein Stern der 1. Größe ist also größer und wesentlicher als einer der 5. Größe. Deutungsanregungen bleiben den Fixsternen der 1. und 2. Größe vorbehalten, weil Erfahrungen dazu in der Literatur gesicherter erscheinen.

Wenn Sie die Tierkreislänge eines Fixsterns für ein anderes Jahr als 1950 suchen, so müssen Sie bitte pro Jahr etwa 50 Bogensekunden abziehen oder zuzählen. Deneb Kaitos stand 1920 z. B. nicht bei 1 Grad 51 Minuten im Widder, sondern bei ca. 1 Grad 28 Minuten und 1980 bei ca. 2 Grad 14 Minuten in diesem Zeichen.

Deneb Kaitos *(Diphda, Difda)* (2) bei 1°51' Widder:
Saturn-Kraft; besonders mit Mond, Mars, Neptun oder Aszendentenachse hemmende Wirkung.

Ende des westlichen Fisches (5) bei 3°15' Widder:
Saturn-Merkur-Charakter; bei guten Saturn-Merkur-Stellungen Steigerung der Konzentration.

Algenib II (3) bei 8° 27' Widder:
Mars-Merkur-Natur; merkurielle Einflüsse sind stark und wirken vor allem geistig auf den dort befindlichen Planeten, marsische Einflüsse geben ihm viel Kraft.

Alderamin (3-4) bei 12°09' Widder:
Saturn-Neptun-Charakter mit schwachem Jupiter-Einschlag; wirkt angeblich nur in Konjunktion mit Mond, Saturn oder Neptun; bei medialen Menschen unter Umständen recht förderlich.

Sirrah *(Alpheratz)* (2) bei 13°35' Widder:
Venus-Jupiter-Strahlung; günstige Wirkung für Sonne, Mond und alle Planeten in Konjunktion; bei Opposition eventuell immer noch schwach-günstiger Einfluß.

Baten Kaitos (3-4) bei 21°14' Widder:
Saturn-Natur; bei Mond-Konjunktion oder -Opposition Neigung zur Melancholie, sonst prüfende und konzentrierende Wirkung.

Mirach (2) bei 29°43' Widder:
Venus-Neptun-Natur; Anregung zu Idealen, umfassende Liebe und Meditation, bei Verbindung mit Sonne und/oder Neptun auch mediale Fähigkeiten, bei schwierigen Aspekten des betreffenden Planeten auch Illusionen.

Mira (2-3) bei 0°50' Stier:
Saturn-Jupiter-Wesen; geistige Herausforderungen, bei schlecht gestelltem Mond oder Merkur Mangel an geistiger Klarheit.

Elscheratain *(Widderhorn)* (2) bei 3°17' Stier:
Saturn-Mars-Strahlung; mit Sonne, absteigendem Mondknoten und IC ungünstig.

Elmuthalleth (4) bei 6°13' Stier:
Merkur-Charakter; fördert mit Venus künstlerische Talente.

Elnath *(Hamal)* (2) bei 6°58' Stier:
Saturn-Mars-Kraft, stark und ungünstig; bei Mond-Konjunktion und in weiblichen Horoskopen allgemein eher schwierig und belastend, fordert zu großer spiritueller Transformation heraus.

Menkar (2-3) bei 13° Stier:
Saturn-Kraft; stark zerstörerisch; politisch bei Sonne und Saturn schwere Unglücke.

Alamak *(Almach)* (2-3) bei 13°35' Stier:
Venus-Jupiter-Natur; vor allem in Verbindung mit Sonne, Mond, Venus und Jupiter günstig, insbesondere in materieller Hinsicht.

Zanrak (3) bei 22°50' Stier:
Saturn-Kraft; bei verletztem Saturn und bei wenig bewußten Menschen starke und meist gefährliche Saturn-Kraft; mundan große Katastrophen mit Saturn und ungünstigem Neptuneinfluß. *»Diese ganze Himmelsgegend zwischen Ende Stier und Anfang Zwillinge ist eine 'böse Ecke', vgl. Algol!«* (Zitat Vehlow).

Algol (2-4) bei 25°33' Stier:
Saturn-Mars-Uranus-Natur; im Horoskop von geistig hochentwickelten Menschen, die ein bewußt spirituelles Leben führen, sind je nach Planetenverbindung positive Einflüsse zu erwarten; in Horoskopen von unbewußt lebenden Menschen wird, vor allem bei Verbindungen mit Mars, Saturn, Uranus, Neptun und Pluto, ein großes Potential an Gefahren für die Persönlichkeitsentwicklung zu beachten sein (Neigung zu Gewalt etc.).

Alkyone (3) bei 29°19' Stier:
Mond-Mars-Natur; am Aszendent bewirkt er Sinnlichkeit, am »Glückspunkt« schwankende Verhältnisse, mit Sonne öffentlicher Erfolg, mit Mars einfühlsame Energie; größter Stern der Pleijaden.

***Algenib* I** (3) bei 1°23' Zwillinge:
Jupiter-Saturn-Strahlung mit hoher geistiger Kraft; Anlagen zum künstlerischen Genie mit Sonne, Venus, AC, 3. und 10. Haus.

Hyaden (4) bei 5°07' Zwillinge:
Mars-Uranus-Neptun-Natur; in Verbindung mit Mond oder Venus erotische Verführbarkeit oder Zügellosigkeit, bei anderen Planetenverbindungen Neigung zu plötzlichen Energieausbrüchen bei gleichzeitig einfühlsamem Wesen.

Merope (4) bei 6°10' Zwillinge:
Mars-Charakter; mit Sonne Unglücke; dieser Stern ist Teil der Plejaden.

Nördliches Stierauge bei 7°48' Zwillinge:
Venus-Mond-Wesen; bei Verbindung mit Venus oder Neptun Stärkung des Kunstsinns, bei Verbindung mit Uranus Neigung zur Mystik; insgesamt positiv.

Aldebaran (1) bei 9°06' Zwillinge:
Mars-Neptun-Kraft; in Verbindung mit Sonne, Mond, Mars oder Neptun Gefahren durch Unwetter, auf See, durch Spekulationen und anderes mehr.

Rigel (1) bei 16°05' Zwillinge:
Jupiter-Mars-Kraft; ähnlich wie Regulus sehr fördernd, vor allem in geistiger Hinsicht; beim Merkur dichterische Gaben, beim Neptun mediale Anlagen.

Bellatrix (2) bei 20°14' Zwillinge:
Mars-Merkur-Natur, mit stark betontem Mars-Charakter; große Durchsetzungskraft in bezug auf den dort stehenden Planeten, die unter Umständen gezügelt werden muß.

Capella (1) bei 21°17' Zwillinge:
Mars-Merkur-Charakter; echter Wissensdrang oder oberflächliche Neugierde, je nach Bewußtheit des Horoskopinhabers.

Gürtel des Orion *(zwei Sterne)* (2) bei 22°32' / 23°36' Zwillinge:
Jupiter-Mars-Charakter; wirken aber wie Merkur durch Stellung im Zeichen; besonders am Aszendenten und in Konjunktion mit Merkur oder Mond wacher Verstand sowie eventuell mediale Gaben.

Al-Heka (3) bei 24°07 Zwillinge:
Mars-Wesen mit geringer Uranus-Strahlung; bringt Unruhe oder Abenteuer und Verstärkung der Marskraft mit sich.

Polarstern *(Polaris)* (2) bei 27°50' Zwillinge:
Saturn-Venus-Natur oder Saturn-Sonne-Natur; eine hohe positive Wirkung, die Bereitschaft zur spirituellen Entfaltung und Be-

achtung der wahren, inneren Prioritäten für ein erfülltes Leben verlangt.

Beteigeuze *(Betelgeuze)* (1) bei 28°03' Zwillinge:
Mars-Merkur-Natur; ähnlich wie Bellatrix, aber günstiger; besonders in Verbindung mit Jupiter Chance, zu Ruhm und Reichtum zu gelangen.

Menkalinam (2) bei 29°21" Zwillinge:
Jupiter-Charakter mit Mars- und Venus-Einschlag (Robson nennt Mars-Merkur-Strahlung); gilt bei Mars eher problematisch bis übel.

Tejat (3) bei 2°47' Krebs:
Merkur-Venus-Wesen; günstig, auch materiell – laut Vehlow in Konjunktion mit Mond oder MC Reichtum. Robson meint: »Verursacht Gewalt, Stolz, Vermessenheit und Schamlosigkeit.«

Albena (2) bei 8°25' Krebs:
Venus-Merkur-Jupiter-Natur; Förderung auf vielen Gebieten, in Verbindung mit Venus vor allem im künstlerischen Bereich.

Sirius (1) bei 13°19' Krebs:
Mars-Jupiter-Kraft; Ehrgeiz und Erfolgsstreben, Aufstieg unter Anstrengung oder Gefahren; besonders in Verbindung mit Mond, Merkur und Jupiter förderlich für die geistige Entwicklung.

Canopus (1) bei 14°01' Krebs:
Saturn-Jupiter-Natur; Wirkung hängt von der Grundstellung von Saturn und Jupiter im Horoskop des Fragestellers ab; bei harmonischem Grundhoroskop Hilfen für geistige Harmonie, bei disharmonischem Grundhorosokop saturnische Hemmungen.

Wasat (3) bei 17°52' Krebs:
Saturn-Kraft mit Venus-Einfluß; bei unbewußten Menschen zerstörerisch wirkend, bei geistig entwickelten bewußtseinserweiternd; mit Aszendent, Sonne und Mond mundan eher negativ.

Castor (2) bei 19°37' Krebs:
Merkur-Jupiter-Natur; freundliche Wirkung, besonders in Verbindung mit Mond oder Merkur.

Pollux (1) bei 22°35' Krebs:
Mars-Natur; eher problematisch, besonders in Verbindung mit Sonne, Mond, Merkur, Mars oder Saturn.

Procyon (1) bei 25°05' Krebs:
Mars-Merkur-Wesen; günstig für »Befehlshaber« und »Kriegshelden«, sonst Neigung zur energisch vertretenen Rechthaberei.

Präsepe bei 6°33' Löwe:
Mond-Mars-Natur; Beziehungen zum Jenseits, zur Astralebene, zu Verstorbenen – auch zu Verführbarkeit oder Gemütsschwäche.

Nördlicher und südlicher Esel (4-5) bei 6°52' und 8°02' Löwe:
Mars-Sonne-Kraft; wirkt auf Mars und Pluto negativ; Sonne, Mond und Neptun können angeregt werden; bei anderen Planeten wirkungslos.

Kochab (2) bei 12°24' Löwe:
Mars-Strahlung; bringt geistige Unruhe, bei Konjunktion mit schlecht gestellter Sonne zeitweise Gemütsverwirrungen.

Akubens (4) bei 12°56' Löwe:
Mars-Saturn-Natur; sprunghafte Wirkung, bringt geistige Unruhe oder Rastlosigkeit mit sich.

Dubhe *(Bär)* bei 14°27' Löwe:
Starke Mars-Kraft, die leicht zerstörerisch wirken soll, besonders politisch-gesellschaftlich mit Saturn.

Merak (2) bei 18° Löwe:
Mars-Wesen; entfaltet in Herrschaftshoroskopen seine expansive Wirkung.

Ras elased australis *(Alegnubi)* (3) bei 20°01' Löwe:
Saturn-Mars-Natur; vermittelt hochgeistige Strahlungen und gedankliche Klarheit, verbunden mit großer Entschlossenheit (Bismarck hatte diesen Stern am Aszendenten); bei unbewußt lebenden Menschen wird die Wirkung eher bedrückend oder gefährdend sein.

Alphard (2) bei 26°32' Löwe:
Saturn-Venus-Neptun-Natur; Chancen zu hoher Inspiration und mystischer Versenkung, mit Mars oder Neptun allerdings eher Neigung zu Unbeherrschtheit oder Schwärmerei.

Hals des Löwen (3) bei 27°12' Löwe:
Mars- oder Saturn-Merkur-Kraft (umstritten); stark negativ wirkend, Krieg, Wechselfälle im Krieg; am Aszendenten im Solarhoroskop Neigung zu gefährlichen Krankheiten. Unter Umständen großer Kriegserfolg, wenn am MC.

Regulus *(Königsstern)* (1) bei 29°07' Löwe:
Jupiter-Mars-Natur; vor allem in Verbindung mit Sonne, Jupiter oder Aszendent oder MC sieghafter Aufstieg und Machtfülle; in Verbindung mit Saturn möglicherweise Gefahr des jähen Absturzes.

Alioth (2) bei 8°09' Jungfrau:
Mars-Natur; wirkt angeblich »zerstörerisch«, vor allem in Verbindung mit Sonne oder Mond (als ein Beispiel wird Abtreibung genannt).

Zosma (2) bei 10°36' Jungfrau:
Saturn-Venus-Wesen; geistige Beweglichkeit, Neigung zur Melancholie; neptunische Wirkungen (Illusionen, Vergiftungsgefahren).

Mizar (2) bei 14°52' Jungfrau:
Mars-Natur; Neigung zur Impulsivität, in Verbindung mit schlecht aspektiertem Mars, Saturn oder Uranus Tendenz zu unsozialen Einstellungen und Verhaltensweisen.

Denebola (2) bei 20°53' Jungfrau:
Uranus-Natur; plötzliche, oft gewaltsame Veränderungen.

Coma Berenicae (5) bei 23°09' Jungfrau:
Mond-Venus-Natur; schwach harmonische Wirkung, insbesondere für die (Mit-)Empfindungsfähigkeit, vor allem mit Mond, Venus und Neptun.

Benetnasch (2) bei 26°08' Jungfrau:
Mars-Uranus-Saturn-Natur; der arabische Name bedeutet »Klageweiber«; man muß von einer meist eher Trauer verursachenden Wirkung ausgehen – es sei denn, daß der betreffende Mensch spirituell bewußt geworden ist.

Kopf der Jungfrau *(Zavijava)* (3-4) bei 26°26' Jungfrau:
Merkur-Mars-Strahlung; schwach wirksam; macht eigensinnig und zänkisch bei Konjunktion mit Mars, Uranus, Pluto und schlecht gestelltem Merkur sowie in Frauenhoroskopen bei Venus, wenn diese von Mars verletzt ist.

Markeb (2-3) bei 28°02' Jungfrau:
Saturn-Jupiter-Wesen; nach anfänglichen Schwierigkeiten Wendungen zum Guten.

Vindemiatrix (3) bei 9°13' Waage:
Saturn-Merkur-Natur; günstig für Konzentration und Meditation; ungünstig für Menschen, die zu Depressionen neigen.

Algorab (3) bei 12°44' Waage:
Mars-Saturn-Natur; bei Saturn- oder Mars-Spannungen im Grundhoroskop Behinderungen des materiellen Vorwärtskommens sowie nur mühevoll mögliche Konzentrationsfähigkeit.

Südliche Waageschale (2-3) bei 14°23' Waage:
Mars-Saturn-Charakter (nach Robson Jupiter-Mars); im allgemeinen schlechte Wirkung, individuell als auch mundan.

Seginus (3) bei 16°50' Waage:
Merkur-Saturn-Natur; subtiler Geist, Vorsicht vor falschen Freunden.

Nördliche Waageschale (2-3) bei 18°40' Waage:
Jupiter-Merkur-Charakter mit geringem Marseinschlag; besonders bei Sonne, Mond, Jupiter und Mars günstig.

Spica (1) bei 23°07' Waage:
Venus-Mars-Natur; in Verbindung mit Venus künstlerische Talente, mit Jupiter geistige Würden und/oder weitreichende Erkenntnisse sowie eventuell Reichtum, mit Aszendent oder MC öffentliche Anerkennung, mit Sonne oder Mond Berühmtheit, mit Merkur oder Uranus intuitives Denken; insgesamt eine positive Wirkung.

Arcturus (1) bei 23°28' Waage:
Jupiter-Mars-Natur; verleiht Reichtum, vor allem in Verbindung mit Jupiter und Aszendenten; es ist Vorsicht bei anfangs glückhaften Unternehmungen angesagt, um Erreichtes später nicht noch zu gefährden.

Rechter Fuß der Jungfrau (4) bei 9°22' Skorpion:
Venus-Mars-Strahlung; wirkt sexuell anregend oder aufreizend.

Acrux (1) bei 11°11' Skorpion:
Jupiter-Wesen; förderlich für Bewußtseinsentwicklung und idealistische Ziele.

Unk Elhaija *(Unukalhai)* (2-3) bei 21°18 Skorpion:
Mars-Kraft; auch Saturn wirkt dort sehr stark; insgesamt zerstörerische Wirkung.

Alpha Centauri *(Agena?)* (1) bei 23°15' Skorpion:
Venus-Jupiter-Natur; fördert Aufstieg und Anerkennung und hat allgemein eine sehr günstige Wirkung.

Beta Centauri *(Bungula)* (1) bei 29° Skorpion:
Venus-Jupiter-Natur; wie Alpha Centauri.

Yed I *(Yed Prior)* (3) bei 1°35' Schütze:
Saturn-Charakter mit Einschlag von Neptun und Venus; Ausschreitungen und Exzesse bei impulsiven, unbeherrschten Menschen.

Akrab (3) bei 1°51' Schütze:
Mars-Kraft, mit geistiger Saturn-Strahlung; mit Mond materiell ungünstig, mit Sonne unter Umständen fördernd.

Zwerchfell des Skorpions (3) bei 7°03' Schütze:
Mars-Jupiter-Charakter; mit Mars, Saturn oder Uranus »zersprengende« Wirkung, sonst weniger gefährlich.

Antares (1) bei 9°07' Schütze:
Mars-Saturn-Natur mit schwacher Merkur-Jupiter-Komponente; oft aggressive Einstellung, dabei geistige Wachheit und gutes Gedächtnis.

Bauch des Skorpions (3) bei 10°46' Schütze:
Mars-Jupiter-Natur; impulsive oder plötzlich und energisch aufbrechende Kräfte, die in Verbindung mit Mars, Saturn oder Uranus zerstörerisch wirken könnten.

Ras Algethi (3-4) bei 15°27' Schütze:
Mars-Venus-Charakter; Kühnheit und Streben nach Macht sowie geistige Fähigkeiten werden verstärkt.

Ras Alhague (2) bei 21°41' Schütze:
Saturn-Venus-Neptun-Natur; in Verbindung mit dem Mond Neigung zu Mißbrauch von Genußgiften, sonst eher zwiespältige Wirkungen; bei geistig entwickelten Menschen Ansporn zur disziplinierten und opferbereiten Erforschung neuer äußerer und innerer Räume.

Lesath (3) bei 23°25' Schütze:
Mars-Merkur-Natur; heißt auf arabisch »Stachel des Skorpions«; wirkt aufpeitschend und verwirrend auf das Gemüt, vor allem im Zusammenhang mit Massenbewegungen oder kollektiven Verhaltensweisen.

Aculeus bei 25°08' Schütze:
Mond-Mars-Strahlung; bei schlechter Mars-Stellung Gefahren durch Gewalttätigkeit.

Ettanin *(Etamin)* bei 27°12' Schütze:
Saturn-Jupiter-Natur; gute Konzentrationsfähigkeit und Offenheit für geistige Studien.

Bogen des Schützen (3) bei 5°41' Steinbock:
Jupiter-Mars-Wesen; Menschenliebe und Tatkraft verbinden sich zu wohltuender Wirkung, falls das Grundhoroskop keine illusionären Tendenzen aufweist; unter Umständen auch Fülle durch Jupiterkraft, die immer wieder voreilig und/oder zu freigebig weitergegeben beziehungsweise »verschenkt« wird.

Gesicht des Schützen (4) bei 12°46' Grad Steinbock:
Jupiter-Sonne-Natur; grundsätzlich sehr positive Wirkung, die allerdings meist nicht materiell, sondern nur spirituell spürbar wird.

Wega (1) bei 14°27' Steinbock:
Venus-Merkur-Neptun-Natur, bei den Babyloniern war die Wega der »Stern der Lebensherrin«, in China »Königin-Mutter«; stark künstlerische und lebensschöpferische Wirkung, besonders intensiv in Verbindung mit Sonne, Mond, Venus und Jupiter.

Schwanz des Adlers *(Deneb)* (3) bei 19°02' Steinbock:
Mars-Jupiter-Wesen (eventuell richtiger Mars-Venus-Charakter); in Konjunktion mit Mond oder Venus Neigung zu Exzessen.

Albireo *(Schwanenkopf)* (2-3) bei 0°27' Wassermann:
Venus-Merkur-Charakter; positiv wirksam für sensible Menschen.

Unteres Pfeilende (3-4) bei 0°21' Wassermann:
Mars-Venus-Charakter; *»Saturn auf diesem Fixstern erzeugt grausame Menschen... Taten der wildesten Zerstörungswut... Spielt daher mundan bei großen, blutigen Umwälzungen und in den Horoskopen der Führer solcher Bewegungen eine Rolle!«* (Zitat Vehlow).

Atair *(Altair; Der fliegende Adler)* (1) bei 1°01' Wassermann:
Mars-Kraft mit schwächerer Jupiter-Strahlung; fördert den Aktivitätstrieb, besonders auf geistigen und kommerziellen Gebieten; unter Umständen Ehrungen.

Giedi (4) bei 3°07' Wassermann:
Venus-Merkur-Charakter; Aktivierung aber erst durch Mars-Konjunktion; Neigung zur Oberflächlichkeit.

Brust des Steinbocks *(Armus)* (5) bei 12°03' Wassermann:
Merkur- und Marskraft mit geringem Saturneinfluß; spürbar vor allem, wenn diese drei Planeten im Geburtshoroskop besonders hervorgehoben sind, oder bei der Sonne.

Rücken des Steinbocks *(Dorsum)* (5) bei 13°08' Wassermann:
Wirkung ähnlich wie Saturn und Jupiter, wird eher als ungünstig angesehen.

Schwanz des Delphins (4) bei 13°24' Wassermann:
Mars-Saturn-Neptun-Natur; veränderliches Glück, eigentümliches Schicksal, eigenwillige Verhaltensweisen.

Kopf des Delphins (3) bei 16°41' Wassermann:
Mars-Saturn-Natur; ähnlich wie »Schwanz des Delphins«.

Bauch des Steinbocks *(Castra)* bei 19°30' Wassermann:
Mars-Merkur-Natur; geistige Ruhelosigkeit oder ungezügelter Tatendrang bei unbewußt lebenden Menschen; Verständnis für strategische und technische Herausforderungen und ihre Umsetzung in die Realität bei Menschen mit entwickeltem Bewußtsein.

Deneb Algedi (1) bei 22°50' Wassermann:
Saturn-Jupiter-Natur. Gilt bei den Arabern als »Glücksstern«!

Sadalmelek (3) bei 2°41' Fische:
Saturn-Kraft; reine, vergeistigte Saturn-Strahlung; im Arabischen heißt dieser Stern »Glücklicher König«!

Fomalhaut (1) bei 3°09' Fische:
Merkur-Venus-Natur; in finanzieller und intellektueller Hinsicht stark merkurische Wirkung.

Deneb im Schwan (1) bei 4°30' Fische:
Venus-Merkur-Natur; Talente und Erfolge auf künstlerischem Gebiet, vor allem auch durch kommerzielle Auswertung von Kunst.

Achernar (1) bei 14°27' Fische:
Jupiter, mit Einschlag Mars-Uranus; gibt geistliche Würden, besonders mit Jupiter.

Markab (2) bei 22°44' Fische:
Mars-Merkur-Natur; mehr mentale als physische Wirkungen, eventuell propagandistische Begabung; macht insgesamt eher rastlos, vor allem in Verbindung mit Mars, Mond und Merkur, besonders, wenn diese im Grundhoroskop disharmonisch gestellt sind.

Scheat (2) bei 28°37' Fische:
Saturn-Kraft (nach Robson Mars-Merkur); Wassergefahren, Schiffbruch, aber auch Anregung zur Vergeistigung.

Ich halte bei den Planeten und den Mondknoten einen Orbis von maximal einem Grad im Umgang mit Fixsternen für sinnvoll, bei den Achsen AC-DC und MC-IC vielleicht auch bis zu zwei Grad (wegen der oft ungenauen Bestimmung der Geburtszeit). Vehlow meint allerdings, daß Fixsterne nur dann »wirken«, wenn sie an einer der wichtigen Horoskopachsen stehen. Das letzte Wort zum Orbis haben Sie selbst und Ihre eigene Erfahrung!

11 Horoskop und freier Wille

Innere Astrologie und die Auflösung von Karma

> *»Was wäre aber zu berichten über Tage und Nächte des Glücks? Vom Schmerz könnte vielleicht gesprochen werden um des Mitleids willen – vom Glück sollte man schweigen, denn es ist wie ein Hauch Allahs, davon das leichte Schweben durch ein Wort schon zerrissen werden kann... Störe sie nicht in ihrem Fluge, oh Bruder und Freund, denn sie tragen mit sich das Schweigen, das allen Glückes Geheimnis ist! Lautlos ziehen sie dahin, ihr Flug eine Bitte um Stille – die schwarzen Schwäne der Glückseligkeit.'«*

So Elsa Sophia von Kamphoevener in der Erzählung *Die Freiheit des Bergfalken* in ihren *Anatolischen Hirtenerzählungen.*

Was wissen wir vom Glück? Weniger als von Schmerz und Leid. Was können wir, die wir uns inmitten des ewig erscheinenden Malstroms des Karmas befinden, über dessen Auflösung sagen? Was sollte von uns, die wir Opfer selbstgeschaffener Gewohnheiten und Verhaltensmuster sind, über den freien Willen gesprochen werden? Aus der Stille einer verborgenen Glückseligkeit ruft uns die zarte Stimme der Seele und erinnert uns an Sehnsüchte und Ahnungen eines Seins ohne Leid. Wie aber es erleben, wie es verwirklichen?

Wir wissen manches um die äußere Astrologie und lernen immer wieder mehr. Viele von uns sind sich darüber im klaren, daß die Astrologie eine Brücke zum Verständnis der inneren Dimensionen ist, daß sie eine Methode zum Ermessen von Innenräumen darstellt. Wir erforschen die äußeren Himmel immer weiter und tiefer, aber wieviel haben wir von den inneren Himmeln schon selbst erfahren?

Christliche Mystiker und Menschen aus anderen Kultur- und Religionskreisen berichten übereinstimmend davon, daß es innere Welten gibt voller Sonnen, Monde und Myriaden von Sternen und »dahinter« Reiche der Seele, in welchen diese – befreit von Schleiern des Unwissens – sich selbst als Licht aus dem ersten und einen Licht wahrnimmt.

Sie beschreiben unsere üblichen Verhaftungen an die Identifikation mit dem weltlichen Körperleben und an die Illusion der Zeit, sie beschwören uns, die Beschränkungen unserer äußerst begrenzten Sinneserfahrungen als Schattenspiel einer substanzlosen Relativität zu erkennen und weisen uns Wege, das Gesetz von Ursache und Wirkung zu überwinden.

Was ist das Horoskop? Wir sagten, daß es die graphische Darstellung von Gestirnsständen im Raum zu einer bestimmten Zeit sei. Damit ist es also eine zweidimensionale Beschreibung eines vierdimensionalen Geschehens. Spätestens jetzt, im Rahmen dieser Überlegungen zu Grundfragen der Astrologie, müssen wir die Frage stellen: Wo im Horoskop sind denn wir, die jeweiligen Horoskopinhaber? Sind wir am Aszendenten, weil dieser den Tierkreisgrad anzeigt, der im Osten zur Minute unserer Geburt aufging? Sind wir am Zenit, weil dieser in Tierkreisgraden angibt, wo unser geographischer Geburtsort liegt? Sind wir dort, wo die Sonne steht, weil sie unserer Erde erst die lebensnotwendige Wärme schenkt und Flora und Fauna gedeihen läßt? Sind wir dort, wo der Mond steht, weil dieser eine Art »Stellvertreter« der Erde im Horoskop ist, wie manche Astrologen meinen? Sind wir gar sozusagen in allen Planeten »ein bißchen«, ist unsere Seelenidentität mosaikartig aufgesplittert in den zehn oder mehr gebräuchlichen Himmelskörpern?

Ich meine nein. Im Gesamtbild des Horoskops mit Planeten, Achsen und rechnerischen Punkten sehe ich ein mehr oder weniger komplexes und der Deutung zugängliches Abbild unseres karmischen Lebensplans. Wir selbst, so verstehe ich spirituelle Astrologie, sind im Idealfall der ruhende Pol in der Mitte des Horoskop, das ideelle Zentrum.

Solange ich nicht in meiner Mitte ruhe, werde ich durch die nach außen strebenden symbolischen Planetenkräfte in die Vielfalt und Unübersichtlichkeit der materiellen Formen der Schöpfung gezogen. Solange ich nicht in der Mitte ruhe, ist das Horoskop wie ein prototypisches Symbol einer kosmischen Zentrifuge, die alles daran setzt, uns ja nicht zur Ruhe kommen zu lassen, sondern uns mit aller Macht nach außen schleudert, drängt und preßt.

Das Horoskop dient in diesem Sinne der Erkenntnis, welche Kräfte in welcher Weise auf Körper, Gemüt und Verstand wirken, welche Impulse und Muster Person und Persönlichkeit immer wieder in Beschlag nehmen oder gar gefangenhalten, und welche Zeitzyklen unseren Lebensrhythmus weitgehend bestimmen. Anders gesagt: das Horoskop dient so der Einsicht in die Machtfülle unseres Karmas und die Chancen und Grenzen unseres freien Willens.

Von höchstem Interesse für spirituelle Menschen wäre es zu erfahren, ob und wie man den »Superkleber« Karma lösen und den freien Willen so einsetzen kann, daß einerseits das Schicksal erfüllt und andererseits doch die Seele befreit wird. Wieder mit anderen Worten: spirituell offene Menschen wollen wissen, ob und wie man sich vom Horoskop »befreien« kann.

Eine Antwort ist leicht gesagt und schwer verwirklicht: »Indem man seine eigene Mitte findet.« Nur, wie geht das? Wie können wir unsere Mitte finden, wenn die Zentrifugalkräfte des Horoskops, die Planeten und ihre Aspekte in Häusern und Zeichen und Achsen, uns immer wieder aus der Bahn werfen, wenn sie immer wieder wie eine Unwucht auf ein Rad wirken, das deshalb nie einen stabilen und harmonischen Rundlauf erreicht?

Lesen wir dazu die Worte von Sant Kirpal Singh, der voll verwirklicht war und auf der irdischen wie auf den inneren

Ebenen als ein bewußter Mitarbeiter und zugleich Botschafter der höchsten Schöpferkraft seiner Zeit (1948 bis 1974) wirkte.

> *»Astrologie ist eine reguläre Wissenschaft, aber es gibt nur wenige, die sich darin wirklich auskennen. Das erfordert eine klare geistige Sicht. Darüber hinaus wirkt die Astrologie nur auf jene, die unter dem Einfluß der Sterne stehen; für jene indes, die den gestirnten Himmel durchschreiten oder unter der Obhut von Meistern sind, welche den gestirnten Himmel durchschreiten, erweisen sich die Voraussagen als nicht zutreffend.«*

An diesem Zitat finde ich mehreres bemerkenswert:

- Einer der wichtigsten Menschheitslehrer, Mystiker und Meditationsmeister unserer Zeit, der auch lange Jahre hindurch Präsident der Weltgemeinschaft der Religionen war, stellt darin fest, daß Astrologie Hand und Fuß haben kann und bezeichnet sie sogar in unserem Jahrhundert als das, was sie ursprünglich einmal gewesen war, als Wissenschaft.
- Es ist möglich, aus dem Geltungsbereich der Astrologie herauszukommen, wenn man die »gestirnten Himmel« durchschreitet.
- Alternativ dazu bewirkt auch die Obhut eines »Meisters«, der die gestirnten Himmel durchquert, also eines geistigen »Reiseführers«, daß für die von ihm geführten Seelen die sonst durchaus gültige Sternenweisheit nicht mehr zutreffen muß.
- Die Fähigkeit, die gestirnten Himmel zu durchschreiten, ändert die Gültigkeit von Vorhersagen; das bezieht sich meines Erachtens vor allem auf Ereignisse. Damit muß nicht auch eine Änderung der Ausgangslage, der Charakterzüge und Talente und so fort verbunden sein.

Immerhin macht dieses Zitat deutlich, daß es einen Weg zur Überwindung der im Horoskop angezeigten – nicht vom Horoskop gemachten! – Grenzen gibt. Zu diesem Weg, den ich »Innere Astrologie« nenne, möchte ich Ihnen einige Informationen anbieten. Erfahren habe ich einen Teil dieses Weges durch die Führung des inzwischen in seine ewige geistige Heimat zurückgegangenen gütigen Meisters Sant Darshan Singh und seines liebevollen Nachfolgers Sant Rajinder Singh. Vieles dazu findet sich in Büchern ihrer Vorgänger, des kraftvollen Sant Kirpal Singh und des wunderbaren Hazur Baba Sawan Singh. Aber selbst in den Weisheitslehren der uns bekannten allgemeineren Weltreligionen, wie sie von Mystikern dieser Traditionen geschildert wurden – also von Menschen, die über eine eigene Schau verfügten und nicht auf Bücherwissen oder gar Dogmen zurückgriffen –, finden sich mehr oder weniger verborgene Hinweise und Relikte dieser »Inneren Astrologie«. *

Innere Astrologie

Auf der Ebene der physikalischen Welt finden wir uns selbst, unsere Erde, die Gestirne unseres Planetensystems rund um die Sonne und die vielen Milliarden Himmelskörper und Galaxien in den Weiten des Alls. Sicher kennen Sie den Satz des Hermes Trismegistos, des ägyptischen »Urvaters der Esoterik«, der »Wie oben, so unten« lautet. Diesen Satz bezieht man gern auf die Gültigkeit gleichartiger Gesetze im Makrokosmos des Himmels wie im menschlichen Mikrokosmos.

Er gilt jedoch noch auf eine andere Weise: Das, was wir in der physischen Form außen wahrnehmen, findet seine fein-

* Mehr über die im Christentum vorhandenen Hinweise finden Sie in: W. v. Rohr: »Was Jesus wirklich lehrte – Die verborgene Botschaft der Bibel« (siehe Literaturhinweise).

stoffliche Entsprechung innen, in materielosen Formen, auf mannigfaltige Art.

In den inneren Ebenen gibt es Sonne, Mond und Sterne und den gesamten Kosmos in ihren körperlosen Formen, die dem Auge der Seele dennoch sichtbar sind. Menschen, die wirklich nach innen gehen können und das Körperbewußtsein wach überschreiten, haben fünf Hauptebenen beschrieben, für die bestimmte Lichter und Klänge charakteristisch sind. Sie seien hier in Stichworten genannt.

1. Region: ***Astralebene***

Das ist der »tausendblättrige Lotos«, dessen innerer Widerschein auf unserer Ebene manchmal fälschlich als Licht eines »7. Chakras« gedeutet wird (siehe auch Sant Rajinder Singh: *Das sechste Chakra – Ort der Kraft* in den Literaturhinweisen). Als typisches Licht gilt Kerzenlicht, als typische Klänge Glocken und Muschelhorn.

2. Region: ***Kausalebene***

Der Sanskrit-Begriff bezeichnet eine Dreiheit; im Osten wird die sogenannte Dreieinigkeit manchmal als Hinweis auf diese Region angesehen. Das typische Licht ist die rote, aufgehende Sonne, der typische Klang der von Donner oder Trommeln.

3. Region: ***Ebene des »zehnten Tors«*** *(Übergangsebene)*

Mondlicht gilt als das charakteristische Licht dieser Ebene, der Klang der Violine als charakteristische Musik.

4. Region: ***Ebene des »Lichtstrudels«*** *(Superkausalebene)*

Eine helle Mittagssonne und der Klang der Flöte sind im inneren Erleben typische Kennzeichen dieser Region.

5. Region: ***Sach Khand****, die »wahre Heimat der Seele«*

Das hier charakteristische Licht ist das von Hunderttausenden von Sonnen und Monden. Die vorherrschende Sphärenmusik dieser Region soll am ehesten jener von Dudelsack und Veena vergleichbar sein.

Licht und Ton sind die ersten feinstofflichen Ausdrucksformen der formlosen Gotteskraft. Das innere Licht ist schattenlos, im Gegensatz zum materiellen Licht von Sonne, Kerze oder Glühbirne, die alle Schatten werfen. Alle irdischen Musikinstrumente sind übrigens, wie es heißt, Versuche, die innere echolose und ewig erklingende Musik auf der irdischen Ebene nachzubilden.

Obwohl die Kraft des inneren Lichts und Tons immer dieselbe ist, zeigen sich beide Formen unterschiedlich, je nach »Färbung« durch den Zustand der jeweiligen Region. Zum Verständnis könnte man folgenden Vergleich benutzen: Wenn Licht durch ein Prisma fällt, sehen wir die Regenbogenfarben; wenn es durch einen Blaufilter fällt, nur Blau. *

Wenn Sant Kirpal Singh nun von Menschen schrieb, welche die gestirnten Himmel durchschreiten oder unter der Obhut von Meistern stehen, die solches tun, so meinte er die innere rote Sonne, den inneren Mond und das innere Sternenfirmament.

Es ist großartig, durch eine Meditation, wie sie diese Meister (übrigens kostenlos) weitergeben, vollbewußt erleben zu dürfen, daß es so etwas wie ein inneres Sehen ohne physische Sinne überhaupt gibt. Es ist beglückend, den strahlenden inneren Kosmos wahrzunehmen. Und dennoch stellt sogar all dies nur einen Durchgang oder Übergang zu einer noch lichtvolleren und beseligerenden Wirklichkeit dar – zur Ebene des Ursprungs der Seele.

Karma kann dann aufgelöst werden, so heißt es in alten Überlieferungen über die Akasha-Chronik und in Aussagen zeitgenössischer Erleuchteter, wenn wir zu der Ebene des Ursprungs der Seele gelangen oder dorthin erhoben werden. Dazu müssen wir zunächst das Körperbewußtsein überschreiten, uns dann über die Ebene des Astralkörpers erheben, danach über die des Kausalkörpers und schließlich sogar die »Su-

* Mehr zu den inneren Ebenen in: W. v. Rohr: »Es steht geschrieben... Ist unser Leben Schicksal oder Zufall?« (siehe Literaturhinweise).

perkausalebene« überwinden bzw. uns unter dem Schutz einer verwirklichten Meisterseele hindurch geleiten lassen.

Und in dem Maße, wie wir uns als Bewußtes-Sein erfahren, können wir das von uns selbst gestaltete Schicksal annehmen und unseren freien Willen auf das Wesentliche richten: auf Selbstverwirklichung und Gott-Erfahrung. Der Meister ist dabei eine Art Lehrer, »Reiseführer« und guter Freund.

Wir dürfen dankbar für das Geschenk des Lebens sein, dankbar für die Chance der Bewußtwerdung. Wir dürfen auch jenen Astrologen dankbar sein, die uns helfen, uns über das Horoskop besser kennenzulernen und uns vermittels der Konzepte und Sprache der Astrologie als kosmische Wesen zu erleben. Für Meister, die uns über die Grenzen des Horoskops hinausführen, die uns durch die Verbindung mit dem inneren Kosmos an unsere Lichtnatur erinnern und die mithilfe dieses Lichts unser Karma auflösen, werden wir besonders tiefe Dankbarkeit empfinden.

Kann jeder die inneren Welten erfahren, kann jeder den inneren Kosmos durchschreiten? Ja, jeder, der die Verbindung mit dem Licht und Klang der schöpferischen kosmischen Kraft durch einen kompetenten Lehrer erhält und auf diesem Wegs geführt wird. Durch die Erfahrung der inneren Astrologie hat die äußere Sternenkunde für mich einen deutlicheren Stellenwert erlangt als zuvor.

Die äußere Astrologie dient mir als eine wesentliche Orientierung für die Persönlichkeit und öffnet zugleich den Blick darauf, daß es einen überweltlichen Weg der Seele durch den inneren Kosmos zu ihrem Ursprung gibt, welcher durch die Innere Astrologie erschlossen werden kann.

Vielleicht mögen Sie den folgenden Vers von Darshan Singh mit auf Ihren persönlichen Weg, auf den lautlosen Flug Ihrer Seele zurück in ihre wahre Heimat nehmen, der von ihm zwar nicht im Zusammenhang mit der Astrologie gedichtet wurde, aber doch sehr treffend hierher paßt. Mit seinen Worten wünsche ich uns allen von Herzen viel Licht und Liebe. Dazu Zuversicht, Kraft und Gnade, um die Liebe und das Licht, das wir sind, strahlen und leuchten zu lassen.

»Was bedeutet es schon, mich einen Menschen zu nennen?
Wahrheit bin ich das innerste Wesen der Liebe;
Die ganze Erde ist meine Heimat
Und das Universum mein Vaterland.«

Sant Darshan Singh

Literaturhinweise

Buchauswahl Wulfing von Rohr

– *Heyne Planetenbücher über Sonne, Mond, Merkur, Venus, Mars, Jupiter, Saturn, Uranus, Neptun, Pluto und die Mondknoten*
Alle Aspektdeutungen, persönlicher Planetenkalender, Vorschau bis 2000 etc. »Einstiegsbücher« für Astrologie, klar und einfach!
ACHTUNG: Diese Bücher sind im Heyne Verlag vergriffen, jedoch noch für DM 10,- je Band (plus Versandkosten) in der Buchhandlung Hier & Jetzt, Erzbergerstr. 10, 22765 Hamburg erhältlich.

– *Astrodata-Horoskopkarten* (mit der Züricher Astrologin Monica Kissling. Lern- und Orakelkarten zum einfachen Gebrauch in der Horoskopdeutung und als Weisheitsspiel; 66 Karten. Astrodata Verlag Zürich 1993.

– *Es steht geschrieben... Ist unser Leben Schicksal oder Zufall? Von indischen Palmblatt-Bibliotheken und anderen heiligen Schriften.* Mit einer ausführlichen Behandlung des Karma-Themas. Ariston Verlag Genf-München, 2. Aufl. 1994.

- *Nostradamus – Seher und Astrologe. Entschlüsselte Geheimnisse und ungelöste Rätsel.* Das große Quellenbuch mit systematischen Analysen und einer kritischen Gesamtschau der wichtigsten Deutungsmethoden und Interpretationsergebnisse. Ariston Verlag Genf-München, 2. Aufl. 1994.

- *Meditation: Kraft aus der Mitte.* Das übersichtliche, klare und einfühlsame Hand- und Übungsbuch für jedermann/jederfrau, mit dem man sowohl erste kleine Schritte vollziehen als auch tief in die Meditation eindringen kann. Goldmann Verlag München, 2. Aufl. 1993.

- *Magisch Reisen Indien: Mystik, Magie, Meditation.* Ein spiritueller Reiseführer, der bedeutende Wege, Menschen und Orte nahebringt. Goldmann Verlag München, 2. Aufl. 1994.

- *Was Jesus wirklich lehrte: Die verborgene Botschaft der Bibel.* Ein neuer Blick auf eine alte Botschaft. Goldmann Verlag München 1995.

- *Benefizvideo: Aufruf zur spirituellen Verantwortung.* Ausschnitte von Vorträgen und persönliche Gespräche mit dem Dalai Lama, dem Sufi-Meister Pir Vilayat Khan, dem Franziskaner-Mönch Padre Maximilian Mizzi und dem Meditationslehrer und Präsidenten der Weltgemeinschaft der Religionen, Sant Rajinder Singh. Ch. Falk Verlag Seeon

- *CD und MC: Der stille See: Meditation – Wege zu Harmonie und Lebenskraft.* Geführte Meditationen, Musik Deuter und Sandelan, Sprecherin Gayan Winter, Producer W. v. Rohr; Serie Einklang, BMG Ariola Miller, Vertrieb über Aquarius.

Über den Autor

Wulfing von Rohr ist Sachbuchautor, Fernsehjournalist, Seminarleiter, Astrologieforscher und Meditationsschüler. Er hat den Astrologen Dane Rudhyar erstmals im deutschen Sprachraum publiziert, mit den Büchern *Die Astrologie der Persönlichkeit* und mit *Von der humanistischen zur transpersonalen Astrologie*. Als Herausgeber und Übersetzer und Co-Autor hat er zahlreiche Bücher, Videos und Filme herausgegeben.

Als Seminarleiter hält er Astrologie-Praxisworkshops für Anfänger und Fortgeschrittene sowie Meditationstage ab, in Buchhandlungen referiert er über manche der Themen. Gelegentlich macht er auch persönliche Einzelberatungen.

Faszination an den Geheimnissen des Lebens, Hilfen für die Wege der Seele durch die äußeren und inneren Welten und Freude am bewußten Sein bestimmen seine Arbeit seit fast zwanzig Jahren. Das versucht er, in Büchern, Filmen, Vorträgen und Seminaren weiterzugeben. Wulfing von Rohr lebt in Santa Fe, Neu Mexico, wo er die *Spirituelle Privat-Akademie* leitet.

Der Verlag Hier & Jetzt freut sich auf die zukünftigen Projekte mit Wulfing von Rohr.

Seminarhinweise

Anfragen über Themen und Termine von Seminaren und Vorträgen mit Wulfing von Rohr zu Astrologie und Meditation – sowohl von Einzelpersonen und als auch gern von Buchhandlungen und Veranstaltern – richten Sie bitte an den Verlag oder direkt an Wulfing von Rohr:

Verlag Hier & Jetzt
Dorothea-Schlözer-Str. 25
D-23843 Bad Oldesloe
Tel (04531) 885256
Fax (04531) 84794

Wulfing von Rohr
Tel (001) (505) 988-3677
Fax (001) (505) 988-05

Ausgewählte astrologische und spirituelle Fachbücher

Alfred Fankhauser, *Das wahre Gesicht der Astrologie*, Orell Füssli Verlag, Zürich 1980

Margaret E. Hone, *The Modern Text Book of Astrology*, Fowler, London 1980

E. Krishnamacharya, *Spirituelle Astrologie*, Edition Kulapati, 2. Aufl Hamburg 1994

Alan Leo, *Esoterische Astrologie – Vom Wesen des Menschen*, Hier & Jetzt, Hamburg 1989

Bernd A. Mertz, *Das Grundwissen der Astrologie*, Ariston Verlag, Genf-München 19??
- *Der Weg zum Horoskop – Astrologie für Einsteiger*, mvg-Verlag, München 1994
- *Schicksalspunkte im Horoskop*, Edition Astrodata, Zürich 1994
- Liebe, Opfer, Magie: Esoterische Astrologie, Edition Astrodata, Zürich 1993
- Paracelsus und seine Astrologie, Edition Astrodata, Zürich 1993
- Astrologie und Christentum (früher: Die Lichter am Himmel geben Zeichen), Heyne Verlag, München 1994

Michael R. Meyer, *A Handbook for the Humanistic Astrologer*, Anchor Press/Doubleday, New York 1974

Vivian Robson, *Fixsterne – Bedeutung und Konstellationen im Horoskop*, Hugendubel Verlag, München 1990

Dane Rudhyar, *Die Astrologie der Persönlichkeit*, Heyne Verlag, München 1992
- *Von humanistischer zu transpersonaler Astrologie*, Hugendubel Verlag, München 1982

Martin Schulman, *Karmische Astrologie*, Urania Verlag, CH-Neuhausen
- *Karmische Beziehungen*, Urania Verlag, CH-Neuhausen

Artur Schult, *Astrosophie 1 und 2*, Turm Verlag, Bietigheim 1986

Darshan Singh, *Liebe auf Schritt und Tritt* (früher: *Wunder der inneren Welten*), Fischer Druck, CH-Münsingen 1991
- *Spirituelles Erwachen*, Eigenverlag, Bezug SK Publikationen, I. Kaiser, Ludwigstr. 3, D 95028 Hof, Tel. (09281) 87412, Fax 142663, oder Bezug über Adressen zu »Innere Astrologie« (siehe Seminarhinweise)
- *Das Geheimnis der Geheimnisse*, Eigenverlag, Bezug siehe oben
- *Eine Träne und ein Stern*, Eigenverlag, Bezug siehe oben

Kirpal Singh, *Das Mysterium des Todes*, Origo Verlag, CH-Bern
- *Karma – Das Gesetz von Ursache und Wirkung (Das Rad des Lebens)*, Origo Verlag, CH-Bern, 2. Auflage 1983
- *Die Krone des Lebens*, Origo Verlag CH-Bern, 2. Auflage 1987
- *The Spiritual Path* – Eine ausgezeichnete Anthologie aller wichtigen Schriften und Lehren über Sant Mat vom Verfasser, derzeit nur in Englisch, Eigenverlag, Bezug siehe oben unter Eigenverlag Darshan Singh

Rajinder Singh, *Das 6. Chakra – Orte der Kraft – Kräfte des Lebens*, Broschüre, Eigenverlag, Bezug siehe Adressenhinweise
- *Ökologie der Seele & Positive Mystik*, Broschüre, Eigenverlag, Bezug siehe oben

– *Erziehung zum Weltfrieden*, Broschüre, Eigenverlag, Bezug siehe oben

Carl Payne Tobey, *Astrology of Inner Space*, Omen Press, Tucson 1973

Johannes Vehlow, *Astrologie, Band I - VIII*, Sporn Verlag, Zeulenroda (ohne Jahresangabe; nur noch antiquarisch)

Claude Weiss, *Horoskopanalyse 1 und 2*, Edition Astrodata, Zürich 1992
– *Astrologie: Eine Wissenschaft von Raum und Zeit*, Edition Astrodata, Verlag, Zürich 1986
– *Videokurs Astrologie 1 & 2*, Bauer Verlag, Freiburg 1992

Astrologie-Zeitschriften

Ich möchte Sie gern noch auf einige astrologische Zeitschriften hinweisen, die regelmäßig erscheinen. Die Stichworte dazu spiegeln meine persönliche Meinung wider.

Astrologie Heute, *Herausgeber Claude Weiss, Präsident des SAB:*
Für astrologisch interessierte Leser/innen; inzwischen mit Magazinteil für Laienpublikum; optisch ansprechend, anspruchsvoll und verständlich, der humanistischen psychologischen Astrologie verbunden; für Interessenten, Anfänger und Berufsastrologen gleichermaßen. Die beste astrologische Fachzeitschrift.

astrolog, Herausgeber Huber-Schule:
Hauptsächlich für astrologisch vorgebildete Leser/innen; ist stark auf die API-Schule des Astrologen-Ehepaars Huber bezogen.

Meridian, Herausgeber Markus Jehle, Bauer-Ebertin Verlag:
Organ des DAV (Deutscher Astrologen-Verband). Hauptsächlich für astrologisch vorgebildete Leser/innen; hat in den letzten Jahren unter neuer Leitung eine sehr positive Entwicklung genommen.

Venus, Herausgeberin Barbara Riedmann:
Populär aufgemachter Nachfolger von »Jupiter«; flüssig geschrieben, oft sinnlich aufgemacht, astrologisch eher für Einsteiger; ordentliche Boulevard-Illustrierte zum Thema Astrologie, bietet zusätzlich eine Fülle anderer Themen.

Alle Zeitschriften sind im Fach-Buchhandel (also in den Esoterik-Läden) erhältlich, manche auch am Kiosk (Venus). Am besten schauen, vergleichen und urteilen Sie selbst.

Innere Astrologie

Nach der Erfahrung von Sant Mat, wie sie im 11. Kapitel beschrieben wurden, gibt es auch einen inneren Kosmos mit Sonnen, Monden, Planeten und Galaxien. Dorthin führt die Verbindung mit dem sogenannten inneren Licht- und Tonstrom. Auf diesem Weg der inneren Astrologie ist der innere Kosmos jedoch nicht die Endstation, sondern vielmehr führt unser Weg zur Erkenntnis der eigenen Seele und ihres kosmischen Ursprungs. Wir lernen die inneren Welten kennen und gelangen darüber hinaus zu jener Energie, welche sowohl die äußeren wie die inneren Welten überhaupt erst geschaffen hat. Informationen über solche (kostenlosen) Meditationskurse mit dem inneren Licht und Ton und über gelegentliche Vorträge und Meditationseinweisungen durch den kompetenten Lehrer Sant Rajinder Singh erhalten Sie über:

Deutschland: Helga Kammerl, Jägerberg 21, D-82335 Berg/ Oberbayern; Tel. (08151) 50449, Fax 51038

Österreich: Herbert Wasenegger, Mautner Markhofgasse 13-15/V/3, A-1110 Wien, Tel. & Fax (01) 7491871

Schweiz: Angela Seiler, Tödistraße 20, CH-8002 Zürich, Tel. (01) 2022372, Fax 2022302

USA: Science of Spirituality Center, 4S175 Naperville Road, Naperville, Ill. 60563; Tel. (708) 955-1200

Indien: Kirpal Ashram, 2 Canal Road, Vijay Nagar, Delhi, India 110009

HOROSKOP~

SERVICE

Wir fertigen für Sie genaueste astrologische Berechnungen Ihres gewünschten Horoskops. In excellenter, differenzierter, 5-farbiger Ausführung. Auf weißem Papier im Format DIN A4.

Geburtshoroskop *(einschl. Chiron)* farbige Zeichnung und farbiges Aspektarium.

Solar *(Jahreshoroskop)* Sekundengenaue Wiederkehr der Sonne zur Geburtsposition.

Lunar *(Monatshoroskop)* Sekundengenaue Wiederkehr des Mondes zur Geburtsposition.

Transite *(ein Jahr; mit Jupiter, Saturn, Uranus, Neptun, Pluto)*
Transitliste: Listenausdruck. Viele Informationen, Eintritt der Transit-Planeten in Radix-Häuser usw.

Partnerschaftshoroskop *(Vergleich zweier Horoskope)*
Direkter Partnervergleich: Zwei Horoskope werden »übereinandergelegt« (farbig).
Composit: Aus zwei Horoskopen wird ein Halbsummenhoroskop errechnet (farbig).

Sekundärprogressionen *(ein Tag nach der Geburt entspricht einem Lebensjahr)*
Progressionen im inneren Kreis, Geburtshoroskop im äußeren Kreis (farbige).

Sollten wir von Ihnen keinen Anweisung bezüglich eines Häusersystems erhalten, berechnen wir »Koch-« (GOH-Häusersystem) und Placidus-Häuser. Jedes andere Häusersystem (z.B. äquale Häuser, Campanus etc.) möglich. Bei fehlenden Zusatzangaben bezüglich Monat oder Jahr gehen wir immer vom laufenden Monat und Jahr aus.

Je Horoskop oder Transit-Jahr stellen wir Ihnen DM 15,-- in Rechnung. Für Partnerschafts- und Progressionshoroskope berechnen wir je DM 20,--. Versandpauschale je Auftrag 5,-- DM.

Folgende Angaben benötigen wir von Ihnen:

1. Ihre Adresse, **2.** Genaue Geburtszeit, **3.** Geburtsort und -land (bei kleineren Ortschaften nächstgrößere Stadt), und **4.** Zusatzangaben. Bei Solaren: welches Kalenderjahr; hauptsächlicher Aufenthaltsort; bei Lunaren: welcher Monat; hauptsächlicher Aufenthaltsort; bei Transiten: das gewünschte Jahr; bei Progressionen: für welches Jahr, wenn *nicht* ab aktuellem Datum. **5.** welches Häusersystem,

6. Lieferung erfolgt nur bei Vorauszahlung der Rechnungssumme zuzüglich 5,-- DM Versandpauschale je Auftrag per V-Scheck oder Überweisung:
Hier & Jetzt GmbH: Hamburger Sparkasse, Konto 1042-214 195, BLZ 200 505 50.

Bestellungen adressieren Sie an: Hier & Jetzt, Erzbergerstr. 10, 22765 Hamburg. Noch Fragen? Sie können uns anrufen (040/395 784) oder faxen (040/39 00 733).